母亲的情绪决定孩子的未来

漫画版

李敏妍 著
墨鱼文化 绘

群言出版社
QUNYAN PRESS
·北京·

图书在版编目（CIP）数据

母亲的情绪，决定孩子的未来 / 李敏妍著；墨鱼文化绘 . -- 北京：群言出版社，2025. 2. -- ISBN 978-7-5193-1055-4

Ⅰ．G78

中国国家版本馆 CIP 数据核字第 2025VT9956 号

责任编辑：周连杰
封面设计：陈保全

出版发行：群言出版社
地　　址：北京市东城区东厂胡同北巷 1 号（100006）
网　　址：www.qypublish.com（官网书城）
电子信箱：qunyancbs@126.com
联系电话：010-65267783　65263836
法律顾问：北京法政安邦律师事务所
经　　销：全国新华书店

印　　刷：三河市京兰印务有限公司
版　　次：2025 年 2 月第 1 版
印　　次：2025 年 2 月第 1 次印刷
开　　本：880mm×1230mm　1/32
印　　张：6
字　　数：86 千字
书　　号：ISBN 978-7-5193-1055-4
定　　价：59.80 元

【版权所有，侵权必究】

如有印装质量问题，请与本社发行部联系调换，电话：010-65263836

前言

想必每一个做母亲的人都经历过这样的情况：面对不听话的孩子，不仅会产生压不住的"暴脾气"，而且还有操不完的心，进而引发唠叨不完的"废话"，最终发展成为收拾不完的"残局"。这种"恶性循环"式的教育几乎让妈妈们苦不堪言，而且这种强烈的挫败感会加剧妈妈们的愤怒。因此，有时候妈妈们一气之下便说出了难听的话，甚至还动手打了孩子……

可能妈妈们说完打完就忘了，感觉气消了。然而，孩子是善于模仿的。这样的教育方式，将会导致妈妈们把自己的负能量传达给孩子，尤其是坏情绪，严重了甚至会给他们造成不可逆的身心方面的负面影响。因此，妈妈的情绪对整个家庭，尤其对孩子会产生很大影响。而一位积极、乐观、向上的妈妈，对孩子来说，则是巨大的"财富"和"幸运"。

欧阳修，这位卓越的文学巨匠，诞生于一个封建官僚家庭。他的父亲欧阳观，曾担任过小官职。不幸的是，在欧阳修四岁时，欧阳观离世了，家庭的重担便全然落在了他的母亲郑氏肩上。欧阳修的父亲在世时，家庭尚算宽裕，但父亲去世后，家境急转直下，最终落到"房无一间，地无一垄"的窘境。

尽管生活如此艰难，郑氏也没有放弃对欧阳修的教育。在辛勤劳作之余，郑氏会不断给年幼的欧阳修讲述如何做人的故事，并在每次讲述后总结要点，使其领悟到许多人生的智慧。随着欧阳修年龄的增长，郑氏便千方百计地教他识字和书写。由于家境贫寒，买不起笔墨纸砚，郑氏便用芦苇杆作为笔，在地上铺沙作为纸，一撇一捺地教欧阳修写字。这段"画荻教子"的佳话，至今仍被人们传颂。

在母亲的悉心教导下，欧阳修于宋仁宗天圣八年（公元1030年）成功考取进士。他在为官期间积极支持范仲淹推行新法，却因此遭到贬职。然而，他的母亲并未对儿子的仕途感到失望，反而安慰他说："你因坚持正义被贬，这并不丢人。我们早已习惯了简朴的生活，只要你内心没有负担，精神不衰，我便心满意足。"

有这样坚毅乐观、通情达理、情绪稳定又辛勤的母亲支持和教导，欧阳修怎能不成就一番事业呢？

不得不说，妈妈是世界上最幸福的称呼，也是这个世界最辛苦、最伟大的职业，不仅要养家糊口，还要承担教育、养育孩子的重任，需要耗费大量的时间和精力，却不一定能够取得良好的成果。反之，妈妈阴晴不定的情绪则会对孩子造成巨大的伤害。因此，妈妈们要学会发现、调整自己的情绪，在教育中多给予孩子鼓励、支持和耐心，让孩子从心理上得到滋养和温暖，远远胜过对孩子起居饮食的照顾或者为了孩子的学习而起早贪黑地忙碌。

笔者真切希望，每一位读过本书的妈妈都能从书中获取一部分有所助益的内容，远离坏情绪，拥抱好情绪。同时笔者也希望，各位妈妈能够将书中的控制、调整情绪的方法运用到实际教育孩子的过程中，在实践中不断掌握情绪管理的本质，为孩子营造一种和谐的教育环境，让孩子在成长的过程中更快乐、更健康。

当然，鉴于每个家庭都有各自的特殊情况，每位妈妈的性格、认知、理解等也各有不同，本书或许不能完全概括每一位妈妈的情绪管理方式和方法，有所不足也是在所难免，欢迎各位读者不吝指教。

目录 CONTENTS

第一章
远离坏情绪，拥抱好情绪

1.1 越乐观的妈妈，孩子越开朗	/002
1.2 负责任的妈妈是孩子的榜样	/007
1.3 妈妈做事积极主动，孩子也不会拖拉	/011
1.4 妈妈忍耐度高，孩子不急躁	/015

第二章
拒绝抱怨：让孩子懂得如何承担

2.1 "抱怨型妈妈"的三个特征	/022
2.2 孩子喜欢找借口的背后，必定有一个爱抱怨的妈妈	/025
2.3 妈妈的爱抱怨给孩子奠定了找理由的基础	/029
2.4 与其怨天尤人，不如主动承担	/034

第三章

克制愤怒：让孩子学会控制自我

3.1 "愤怒型妈妈"的三个特征　　　　　　　　　　/040

3.2 妈妈越愤怒，孩子越暴躁　　　　　　　　　　/043

3.3 喜欢生气的孩子抓不住机遇　　　　　　　　　/047

3.4 每次发脾气之前的三问　　　　　　　　　　　/051

第四章

跳脱自卑：让孩子相信"我能行"

4.1 "自卑型妈妈"的三个特征　　　　　　　　　　/058

4.2 妈妈的不自信会让孩子远离成功　　　　　　　/062

4.3 孩子需要妈妈的支持、鼓励与信任　　　　　　/066

4.4 不要总是拿别人的眼光衡量孩子　　　　　　　/071

第五章

不再焦虑：让孩子掌控心理平衡

5.1 "焦虑型妈妈"的三个特征　　　　　　　　　　/076

5.2 孩子看到妈妈的紧张表现后会有什么反应　　　/079

5.3 妈妈的每一份不安都会给孩子造成一次创伤　　/084

5.4 放平心态，遇事不钻牛角尖　　　　　　　　　/088

丢掉放任：让孩子在规矩中受益一生

6.1　"放任型妈妈"的三个特征　　　　　　　　　　　/094
6.2　爱不等于无底线放任　　　　　　　　　　　　　/098
6.3　过于物质会让孩子失去追寻幸福的能力　　　　　/103
6.4　与其放任，不如做个有"温度"的妈妈　　　　　/107

打败内疚：让孩子学会轻装上阵

7.1　"内疚型妈妈"的三个特征　　　　　　　　　　/114
7.2　有效区分"健康内疚"和"病态内疚"　　　　　/117
7.3　不要让妈妈的内疚延伸为孩子的负罪感　　　　　/121
7.4　有效区分本质，化解内疚　　　　　　　　　　　/126

战胜恐惧：让孩子获得前行的勇气和力量

8.1　"恐惧型妈妈"的三个特征　　　　　　　　　　/132
8.2　孩子畏首畏尾往往是妈妈恐惧情绪的映射　　　　/135
8.3　典型的恐惧后遗症："我不行""我不敢""我不会"/140
8.4　打败那个胆小的你，给孩子做一个勇敢的榜样　　/145

第九章

归还自由：让孩子在爱的环境下正向探索

9.1 "掌控型妈妈"的三个特征 /150

9.2 孩子没有安全感源于妈妈的"错"爱 /153

9.3 适当地给孩子自由，给孩子想要的那种自由 /157

9.4 放下细节，相信孩子可以成为更好的自己 /161

第十章

适度打击：让孩子精神世界富足

10.1 "否定型妈妈"的三个特征 /166

10.2 习惯性否定，造就孩子自卑性格 /170

10.3 分清时机和场合，呵护孩子的自尊 /174

10.4 适度批评，让孩子经历风雨后遇见彩虹 /178

第一章

远离坏情绪，拥抱好情绪

1.1 越乐观的妈妈，孩子越开朗

有一首歌曲叫《你笑起来真好看》，歌词是这样的："你笑起来真好看，像春天的花儿一样，把所有的烦恼、所有的忧愁统统都吹散。"

尤其是出自自然的笑，可以让人缓解焦虑、暴躁等情绪。诚如斯坦福大学医学院精神病专家威廉·弗里所说："人在放声大笑时，肺、心脏、背部及躯干都能迅速得到锻炼，胳膊和腿部肌肉将受到刺激。笑过之后，人的血压下降，心率变慢，肌肉紧张减轻，因而使人处于放松状态。"

一个爱笑的妈妈不仅能够使自己处于放松状态，而且能给孩子带来积极影响。当孩子处于胎儿状态时，他的生长发育就受妈妈的情绪影响。孕妈妈开心快乐，心情愉悦，胎儿的胎动就会活跃，生长发育也会更好；孕妈妈心情抑郁，胎儿的胎动就会减少，生长发育也会受到影响，甚至可能导致畸形。

孩子从出生到3岁上幼儿园之前，妈妈的情绪对孩子的影响就更大了。

当妈妈因为母乳不够担心孩子身高体重不达标，或者因为担心奶粉孩子不爱吃，又或者因为担心孩子大便不规律等，致使睡眠日夜颠倒的时候，孩子能够敏感地觉察到妈妈的不开心。而当妈妈臭着一张脸面对孩子的时候，孩子也会不开心。

刚出生的婴儿都能够敏锐地觉察到妈妈情绪的变化，更何况是身体慢慢长大、思想慢慢成熟的孩子呢？

梦涵自从怀孕以后，由于距离公司太远，便在家人的再三劝说下，选择了辞职回家安心养胎。然而，怀孕、生娃、养娃都并没有梦涵想象得那么美好，反倒充满了艰难。

尽管梦涵在整个孕期已经小心再小心，各种营养素一样都没少吃，甚至连自己最爱的油炸食品也"戒"了，生怕对胎儿造成伤害。但是，她还是患上了妊娠高血压以及妊娠高血糖，导致胎儿早产了一个多月。

梦涵下了手术台，还没来得及看孩子一眼，孩子便被送进了保温箱。婆婆还不断地唠叨："你可真行，我生了三个孩子也没花这么多钱，都是自己带大的。你可倒好，不上班还没养好身体，愣是早产了，真是够'作'啊！"

梦涵听到这些话心里难过极了。

公婆由于还没有退休，所以月子里梦涵就开始自己带孩子。然而，由于梦涵的母乳不足，孩子整天饿得直哭。无奈之下，不管鸡汤、鱼汤、猪蹄汤，梦涵每天喝好几顿。

梦涵本以为孩子稍微大一点儿就会好带一些，然而孩子却隔三岔五生病。公婆和老公不仅不帮忙，还总是埋怨："你真是没用，连个孩子都照顾不好。"

公婆和老公的这一做法让梦涵十分气愤，她很想不管不顾地把孩子丢给他们照顾，自己去上班。可是，她又舍不得孩子，只好继续忍气吞声更加谨慎地照料孩子。时间就这么一天天过去，孩子终于上小学了，梦涵以为自己终于可以喘口气了，然而事情并没有这么简单！孩子的学习成绩奇差无比，梦涵经常被老师叫去谈话。

这样的生活让梦涵看不到曙光。她经常问自己到底做错了什么，怎么自己这么辛苦却没人能理解和尊重自己的付出。梦涵变得越来越不爱说话，每天只是按部就班地照顾着孩子和这个家，脸上没有一点笑容，情绪也越来越差，对孩子不是大吼大叫就是哭哭啼啼地抱怨个不停，少了曾经的温柔和耐心。

有一天，梦涵帮孩子收拾书包的时候，无意中看到孩子写的一篇作文《我的愿望》。而让她吃惊的是，孩子最大的愿望居然是希望妈妈多笑一笑。

孩子在作文中这样写道："我的妈妈是全家最辛苦的人。虽然妈妈没有上班，但这都是为了能够更好地陪我和教育我。为了我，为了这个家，妈妈付出了很多很多。但是，我不愿意妈妈为了我失去自己的生活和快乐。我已经很久没看到妈妈笑了，我不喜欢妈妈不笑的样子。她不说话的时候，我总感觉有些害怕。因为我总觉得一定是我哪里做得不够好，妈妈才会不开心。妈妈不高兴，我也不开心。"

梦涵一下子惊醒了，原来自己对孩子这么重要，原来自己的不开心已经传染给了孩子。也是从那天开始，梦涵尝试着做出了一些改变。然而，不幸却并没有结束，在一次检查中，孩子被检出患有先天性白血病。

这一次梦涵没有怨天尤人，也没有自怨自艾，而是选择了坚强。梦涵四处借钱、变卖家产，还积极向社会慈善人士求助，终于凑够了医药费。然而，化疗对于小孩子来说，是很痛苦的。孩子经历了一次次放疗化疗之后，头发变得稀疏，脸色苍白，含着眼泪问梦涵："妈妈，是不是我听医生的话，就可以早点出院？我不会死吧？"

梦涵强忍住泪水，挤出笑容说："傻孩子你就别瞎想了，你看你今天的精神就比以前好多了，说明你的情况一天比一天好！等找到合适的配型就立刻可以做手术了。到时候你想上学，想去游乐场，想和小朋友一起玩就都可以实现了。你呢，现在赶紧闭上眼睛，好好睡一觉，准备好一会儿的化疗。"

说完梦涵借故走出了病房，眼泪也随之倾泄而出。这之后，梦涵每天会推着孩子晒太阳，会给孩子讲睡前故事，还会找孩子以前的朋友、同学、老师来，甚至主动找到新闻媒体，希望可以多筹集一些治病的钱，也希望能够尽早找到合适的骨髓配型。除此之外，梦涵每天都笑盈盈地面对孩子，因为她知道，生活只有笑对，才能有希望。

孩子也被梦涵感染了，不再胡思乱想，还经常对梦涵说："妈妈，你笑起来真好看，我喜欢看你笑起来的样子。"

第一章 远离坏情绪，拥抱好情绪

> 正如美国著名心理学家杜利奥说过:"没有什么比失去热忱更使人觉得垂垂老矣,一个人如果精神状态不佳,一切都将处于不佳状态。"如果故事中的妈妈梦涵一直郁郁寡欢、悲观厌世,想必孩子早就被病魔打败了。
>
> "嘿,宝贝,你比上次进步多了,我觉得你再多尝试几次就会成功了,加油!""宝宝,自己站起来,拍拍手上的土,拉着妈妈的手继续走,再多走一点儿就更棒了。""生了你以后,妈妈变得更勇敢了。有了你,妈妈也有伴儿了,你爸爸不在家的时候,妈妈也不怕黑了,有你很好,宝贝!"

每个妈妈都是优秀的,都很伟大,请先学会爱自己,学会乐观地笑对生活,给孩子做好积极、有弹性的正面示范。如果觉得有些困难,妈妈们不妨在每次说话前,深呼吸几次,嘴角上扬,多给孩子一些笑容和鼓励,多尝试几次,你就会发现说出正面积极的话也不是那么难。

当你努力做一个积极乐观的妈妈时,不仅仅整个家庭会洋溢着美好的氛围,孩子也会变得乐观开朗,即便那些所谓的糟心事也会变得不那么糟糕了。

1.2 负责任的妈妈是孩子的榜样

所谓责任,是指个人分内应该做的事情。正如俄国作家列夫·托尔斯泰所说:"一个人若是没有热情,他将一事无成,而热情的基点正是责任心。"

责任感可以说是人的一种内在动力。有了责任感,人就会拥有人生方向,才会感知自己所做的事情具有哪些意义,加深对自我价值的感知程度,从而得到别人的尊重、理解和支持。同样,孩子有了责任感,可以更好地处理人际关系,也可以更全面地看待问题和解决问题,甚至会更多地考虑别人的感受,不会成为自私自利的人。而这样的孩子更容易取得成就,获得成功。

那么,如何培养孩子的责任意识呢?家长注意言传身教,让孩子做一些力所能及的事情就足够了吗?不,除此之外,家长还要管理好自己的情绪,给孩子树立一个好榜样。因为好情绪胜过千言万语的教导,更容易让孩子模仿和习得。

> 李芳是一位普通的上班族,每天除了做好繁重的工作,还要悉心照料儿子小军的饮食起居和学习。尽管肩负着沉重的生活压力,但她总是以一种积极乐观的态度面对每一天,用自己的行动为小军树立了一个负责任的好榜样。

某个周末的清晨,阳光温柔地唤醒了沉睡中的小军。他揉着睡意蒙眬的眼睛,步入厨房,只见妈妈正忙碌地准备早餐,空气中弥漫着令人垂涎的香味。"妈妈,今天有什么美味的早餐?"小军好奇地询问。"今天有你最爱的煎蛋和小米粥。"李芳面带微笑地回答,手中的铲子在平底锅上轻盈地舞动,每一个动作都显得那么从容不迫。

就在这时,电话铃声突然打破了宁静。李芳接起电话,表情逐渐变得严肃。原来是单位紧急通知她,由于一位同事突发疾病,需要她立即前往单位处理紧急事务。小军看到这一幕,心中不禁为妈妈感到担忧:"妈妈,怎么办?您不是还要看我的足球比赛,为我加油打气吗?"

李芳深吸一口气,转头看向小军,眼神中充满了坚定与温柔:"小军,妈妈知道这场比赛对你来说很重要,妈妈也非常想在现场为你加油打气。可是,工作那边也真的需要妈妈。我们一起想想怎么办吧。你觉得妈妈先送你去训练场,然后去单位处理工作,尽量早点忙完过去接你,好不好?"

小军听后,尽管感到有些失落,但见到妈妈如此忙碌还不忘照顾自己,他懂事地点了点头,说:"妈妈,我知道工作也很重要,我们快点收拾一下出发吧。我会好好踢球,您也安心工作,等您忙完了再来看我。"李芳听后,心里泛起一阵暖意,她轻轻地抱了抱小军,然后在他的额头落下一吻,说:"妈妈一定会尽量早点过去的,小军加油,你是最棒的!"

整个上午,李芳在单位全力以赴,高效完成了任务,并在忙碌之余给小军发送一条信息,鼓励他好好比赛。受到妈妈鼓励的小军,在足球场上也展现出了前所未有的专注和拼搏。傍晚时分,当李芳匆匆赶到训练场,迎接她的是小军灿烂的笑容和一个温暖的拥抱。"妈妈,我们赢了这场比赛!我今天进球了,还是两次呢!"小军兴奋地分享着自己的喜悦。

李芳欣慰地笑了,她意识到,今天她不仅完成了工作任务,更重要的是,通过亲身示范,向小军传授了责任的含义,以及如何在面对突发状况时保持镇定和积极的态度。"小军,你做得非常出色!记住,无论遇到何种困难,只要我们勇敢地去面对,总能找到解决问题的方法。妈妈会一直是你最坚强的后盾。"李芳温柔的话语,如同春风拂面,温暖着小军的心灵。

这一天,对李芳和小军而言,都是成长道路上难以忘怀的一课。李芳用自己的行动诠释了作为负责任的母亲是孩子最好的榜样,而小军也在母亲的引导下,学会了如何在挑战面前保持乐观,勇敢地向前迈进。

第一章 远离坏情绪,拥抱好情绪

为什么总有家长抱怨孩子学习没耐性,做事丢三落四虎头蛇尾?其实,究其根源就是孩子缺乏责任心。因此,培养孩子责任心非常重要,甚至可以说是必需的。

想要孩子拥有责任感,妈妈首先要爱岗敬业,做一个对国家、社会和家庭有责任感的人。因为生活中的妈妈的言传身教,会对孩子产生很大的影响。孩子会模仿妈妈的行为举止,也会将妈妈的话记在心里,所以妈妈要注意自己的言行。

妈妈还应该拒绝包办。孩子能自己做的事情,妈妈就应该放手让孩子自己做,比如让孩子自己洗衣服、收拾书包、整理床铺等。妈妈也可以让孩子在周末的时候帮着一起做家务,甚至可以"撒娇示弱",给孩子创造表现的机会。比如,妈妈告诉孩子,自己今天工作很累,肩膀又酸又疼,让孩子帮自己捶捶背、揉揉肩。

教育是一门需要终身学习的课程,而妈妈则是孩子的模仿对象,别让自己的言行成为不好的示范,从而助长孩子的坏情绪。

1.3 妈妈做事积极主动，孩子也不会拖拉

很多妈妈对以下这些场景似乎已经司空见惯。

清晨，闹钟响了一遍又一遍，妈妈叫孩子起床也喊了一次又一次。然而，孩子睡眼惺忪地看了看表说："马上，马上，我再睡五分钟。"好不容易吃完早餐，妈妈一切准备就绪，孩子还在发呆，妈妈又"狮吼"一般催促着孩子赶紧穿衣、换鞋。

放学回家，妈妈都会重复一句话："先写作业，写完作业你再玩游戏、看电视！"结果，孩子一会儿抠抠橡皮，一会儿又削削铅笔，一会儿画会儿画，一个小时过去了，才做了几道题。

想必大部分孩子都有诸如此类的拖拉行为，使得妈妈心烦意乱。不过，妈妈们不要以为这是孩子的通病或者贪玩的天性使然，实际上这与妈妈的做事态度和教育方式有很大的关系。

> 君君被很多家长认为是"孩子界"的一股"清流"。因为她几乎每天都可以做到早晨六点起床，阅读故事和朗读英语各半小时；下午放学回家除了完成老师布置的全部作业，还会留出半小时的时间到楼下跳绳；晚饭后，她会自主练习考级舞蹈和压腿，或者玩数独和七巧板半小时；洗漱完毕后，又会拿起《格林童话》阅读半小时，并在九点准时睡觉。

家长们都好奇君君为什么可以如此自律,纷纷要求君君的妈妈来做一次教育演讲。于是,在班主任的再三邀请下,君君的妈妈杨萍在教室给家长们做了一次分享。

杨萍神采奕奕地走上讲台,微笑着说:"大家好,我是杨萍,也是君君的妈妈。其实之前我不太愿意分享,是因为我觉得这样做有点王婆卖瓜,自卖自夸的意思。这次实在抹不开面子了,索性我就讲讲我和君君的日常吧。"

台下的家长们也纷纷笑着说:"没事没事,您就讲讲怎么教育君君的?""对对,都是一个年龄段的孩子,还是一个班的,为啥你家的孩子那么听话、自律,什么时间干什么都那么有规律?"

杨萍摆摆手说:"其实我还真没什么所谓的教育经验,只是我自己平时比较自律,做事不喜欢拖沓,凡事都比较积极主动。我本职工作是医生,所以我的时间观念很强,也比较规律。我每天都是早晨六点起床,洗漱完毕后,会出去慢跑一个小时。下班后,一般不会盯着君君做作业,我也有我的事情要做,我会在她旁边的书桌上临摹一页书法,这个习惯

是雷打不动的。另外,我比较喜欢看书和写作,基本上每天会花一小时读书,一小时写作。

"起初,我也没觉得自己这些行为和习惯会对君君带来什么影响,但是没想到她会跟我一起早起,跟我一起读书写字,我这才明白什么叫榜样的力量。

"还有一次,她报名参加了学校组织的朗诵比赛。其实,她并不擅长表达和上台表演,她的声音哑哑的并不动听,但是她很坚持。我看着她坚持不懈地练习,从一开始读得磕磕绊绊,到后来流利地朗读和背诵,我感到挺惊讶。我还问君君,怎么做到的?君君告诉我,是因为看到妈妈为了职称考试夜以继日地背题、做题,而且妈妈一直都很严格要求自己。我就想,连妈妈都这么努力和坚持,自己还是小孩就更应该不怕苦、不怕累。也是这一次,我突然感到自己在做妈妈这件事情上,很有成就感。

"另外,我是个典型的行动派,我觉得反复唠叨、怨天尤人不能够改变什么,只有自己去做、去尝试,才有机会改变。可能我的这些观念和做法对孩子有些影响吧。总之,我觉得作为家长,言传身教胜过千言万语。今天,我就分享就到这儿,谢谢大家的支持!"

台下的家长纷纷点头。有的家长说:"这倒是,我们平时总是盯着孩子做作业,喜欢催孩子干这干那,结果自己在一旁却拿着手机玩游戏、看视频。孩子估计心里也是疑惑的,怎么爸爸妈妈可以玩儿,却要求我必须学习呢?"

这时候,班主任上台说:"咱们首先感谢君君的妈妈在百忙之中给我们做的教育小分享。其实,孩子拖拉不外乎这几个原因:第一,家长没有做好榜样。比如要出门了,妈妈却还在化妆打扮，都过了和友人约定的时间了，还在磨蹭。妈妈都不遵守时间，还怎么教育孩子要按时完成作业呢？第二，喜欢唠叨埋怨孩子。在座的妈妈肯定对这点深有体会，生怕孩子记不住，一句话来来回回反复强调。结果呢，却适得其反，越唠叨越强调越催促，孩子越反感越磨蹭越没有时间观念。第三，制定好规则和时间限制，有奖有罚。比如，我们总说孩子看起电视来就没有时间观念，那么是不是我们应该给孩子制定一个时间表，可以让孩子看半小时电视，看完之后孩子要认真把数学作业和语文日记写完。这样，即使孩子没按时间关掉电视，我们再去教育他的时候，也会有理有据。"

　　台下的家长们纷纷鼓掌、点头，向老师和杨萍致以最真诚的谢意。

　　好妈妈胜过好老师，妈妈积极主动，孩子自然不拖拉，有时间观念；妈妈能做到自律，孩子在妈妈的带领下也会做到自律。

　　妈妈乐观自律，孩子也会紧跟妈妈的脚步，以乐观进取的心态面对学习和生活，不断蜕变和成长，终将收获更美好的人生！

1.4 妈妈忍耐度高,孩子不急躁

面对孩子的一些缺点,妈妈大多难以忍耐,不是训斥指责,就是忍不住动起手来。实际上,从教育的角度来说,对孩子适度"忍耐",应该是每个妈妈必备的技能,正所谓"忍一时风平浪静,退一步海阔天空"。

就像莎士比亚在《威尼斯商人》中所说:"宽容就像天上的细雨滋润着大地,它赐福于宽容的人,也赐福于被宽容的人。"妈妈越宽容,忍耐度越高,孩子成长越自由,做事越有耐心。

仔仔和所有刚入园的小朋友一样,每天起床后都会哭闹一番,然后被妈妈生拉硬拽地送进幼儿园。一个月后,仔仔入园时终于不再哭闹,而是高兴地给妈妈说:"再见,妈妈,记得按时来接我。"然而,过完"十一"长假,仔仔又重启了赖床、哭闹的模式。

一天清晨,妈妈磨破了嘴皮子才把仔仔从被窝里叫起来。仔仔带着哭腔哀求着:"妈妈,我不想上幼儿园,我今天要在家里玩!求你了,好不好嘛?"

妈妈一边给他穿衣服,一边生气地说:"不可以!你都三岁了,小朋友到了这个年纪必须上幼儿园。你不去就不是好孩子，妈妈不喜欢这样的仔仔。你再这样哭哭啼啼，妈妈就生气了啊！"仔仔还是一副不依不饶的样子，低声说道："我不去。"

妈妈彻底被激怒了，怒吼道："你看看都几点了，再不赶紧把你送到幼儿园，你就吃不上饭了，而且我上班也要迟到了！你别磨蹭了，赶紧给我下楼！家里又没人照看你，难道你想自己被关在家里？你不害怕？"

仔仔抬头看了一眼妈妈，继续央求道："那不待在家，你带我一起去上班吧，我就是不想去幼儿园。"

妈妈直接拽起仔仔的胳膊往楼下走："我看你是翅膀硬了，再不听话，我就把你扔到大街上，看人贩子不把你领走卖了才怪呢！"

就这样，仔仔哭着被老师抱进了教室，心里难过极了。妈妈接仔仔放学时忍不住咨询老师："老师，仔仔明明已经适应幼儿园的生活了，怎么这几天又不想来幼儿园了呢？"

老师笑着说："小孩子都是这样的。很多孩子刚入园的时候很开心，因为有新鲜感，有新的玩具、新的朋友。等入园一段时间后，新鲜感没了，就开始哭闹了。也就是说，孩子都存在这样的哭闹反复的现象。家长一定要在这个时候接纳孩子的哭闹，积极引导孩子，尽量不要对他们进行指责和批评。如果妈妈都没有耐心，孩子会更没有安全感，会更觉得幼儿园是个可怕的地方。"

第二天早晨，仔仔依旧赖床，还找各种理由不想去幼儿园。妈妈把仔仔搂在怀里，微笑着说："仔仔，昨天老师夸你画画很有想象力，还说今天早晨在幼儿园等你，准备给你贴一朵小红花呢！咱们也给老师和小朋友们带一些巧克力好不

第一章 远离坏情绪，拥抱好情绪

> 好,分享你的快乐。"
>
> 听完妈妈的话,仔仔竟然自己跳下了床,还利利索索地穿好了衣服:"妈妈,你快点,我今天要第一个到幼儿园,我要争取再得一朵小红花!"

在实际生活中,妈妈总以为"打是亲,骂是爱",对孩子的种种"越矩"行为零容忍,比如赖床、写作业磨蹭、吃饭慢、不愿意上学、说谎等。可是,这样教育的结果却是孩子没有时间观念、做事毛毛躁躁、丢三落四、做错事喜欢推诿。其实,在孩子不触犯大是大非的基础上学会忍耐并接纳孩子,容许孩子犯错和有缺点,才能给予孩子更大的成长空间。

首先,当看不惯孩子的某些行为的时候,要学会隐忍自己的不满和愤怒,比如孩子玩具不收拾、起床磨蹭、吃饭的时候看电视等。妈妈要告诉自己,孩子犯错、有缺点都是正常现象,这是孩子成长必须经历的过程。良好的沟通和鼓励,往往比指责、唠叨更能起到教育的作用。另外,妈妈还应该忍住自己的"泛滥的爱"。孩子在成长的过程中少不了面对一些坎坷和困难,妈妈要做的不是披荆斩棘、清除一切障碍,不是急于帮孩子解决所有问题,而是要给孩子跌倒或者受伤的机会,这样他们才能得到经验,才能有所成长,成为更优秀的自己。

其次,妈妈应该对孩子的缺点和错误尽可能地"轻处理",而不是进行言语打击或者贴标签,把孩子的缺点过度放大。妈妈应该时刻谨记,批评教育的初衷是让孩子改正错误,而不是发泄自己的情绪。妈妈的情绪歇斯底里,孩子就会畏惧,然后就会找各种理由逃避责任。相反,妈妈教育孩子的时候越宽容,孩子越容易认清自己的错误，越能够冷静分析自己的错误，并找到解决问题的方法。

最后，妈妈要学会引导孩子表达自己的想法和需求，尤其应该教会孩子学会"等待"，延迟满足自己的需求，从而锻炼孩子的耐心。

真正的爱需要适度忍耐。妈妈学会控制自己的情绪，并做出理性改变，让爱加持，静待孩子成长，就会减少孩子的逆反和急躁，从而让孩子更好地成长。

第二章

拒绝抱怨：

让孩子懂得如何承担

2.1 "抱怨型妈妈"的三个特征

抱怨一词在《汉语大词典》中的释义是:"心怀不满,通过责怪他人表达自己的哀伤与不满情绪。"显而易见,抱怨是一种负面情绪。然而,在现实生活中却有很多妈妈在育儿过程中,经常会变身成为"抱怨型妈妈",把爱化作无尽的埋怨与唠叨,伤孩子于无形中。

抱怨型妈妈的第一个特征:对所有人充满了不满,成为妈妈之后似乎从来没有体验过幸福的感觉,还总是对孩子发泄和传递负面情绪。这样的妈妈,一开口就满满的负能量:"你就不能学乖一点吗?妈妈上一天班够辛苦了,回家还得收拾家、洗衣、做饭、辅导作业,怎么就不能让我少操点心呢?""你这衣服穿了还没五分钟呢,怎么又脏了?""这桌子我刚收拾完,怎么又弄乱了?"

抱怨型妈妈的不满不只是针对孩子,甚至可以延伸到家里的所有人,以及工作方面的任何事情:"你回家就不能帮我带带孩子吗?就知道拿着手机玩游戏。""我怎么命这么苦,嫁了你这样一个榆木疙瘩。""也不知道上司怎么想的,明明我进公司的时间比他(某同事)长,这次升职居然没有我的份儿。"

总之,抱怨型妈妈普遍觉得自己很忙、很辛苦、对家庭付出最多,可是日子仍旧过得不如意,她们总是消极地面对生活,还总是觉得自己命苦,尤其喜欢把孩子当作"出气筒"。久而久之,孩子变得沉默寡言,即使最基本的"三观"也会被扭曲,越来越不愿意和妈妈交流,亲子矛盾凸显。

抱怨型妈妈的第二个特征:善于情感绑架。她们把所有希望都寄托在孩子身上,还总是放大孩子的缺点,并对孩子批评起来没完没了。这样的妈妈非常喜欢这样说话:"你不努力学习,对得起妈妈每天这么辛苦吗?""妈妈可是为你精心准备的饭菜,你怎么都不爱吃,下次再也不给你做了,你这样肯定长不高。""你为什么做事总是拖拖拉拉,连起床都得叫一百遍?!"

从心理学层面来讲,爱批评和道德绑架孩子的妈妈,是习惯于逆向影射的妈妈。比如,妈妈小时候由于吃饭慢,经常被父母训斥,她无助、委屈又敢怒不敢言,于是后来吃饭速度慢慢变快了。等她长大了,便催促自己的孩子吃饭快一些,并不断把自己小时候的痛苦放大,并发泄到孩子身上。

再者,妈妈在发现孩子成长优势的时候,往往带有二元对立的想法,也就是"非此即彼"的想法,即孩子要么优秀,要么一无是处。而长期与这样的妈妈生活在一起，导致的直接后果就是养育出自卑、不擅长表达、社交能力差的孩子。

抱怨型妈妈的第三个特征：总喜欢翻旧账，总希望别人主动来帮忙，还总是逃避现实，遇到问题不会主动想办法改变，而是不停地抱怨。这种妈妈的口头禅是："想当年妈妈可是学习委员，你看看你的考试成绩一次不如一次，怎么这么笨啊？""这可怎么办啊，要是你爸在就好了。""我真是无能为力了，我都给你讲了多少遍了，你就是不改，随你吧，我放弃了。"

长期与这样的妈妈生活在一起，孩子不仅会受到妈妈负面情绪的影响，还可能变得脆弱不堪，经不住任何挫折和打击，而且会延续妈妈的思维方式，为自己寻找各种借口逃避责任与惩罚。

从女孩到女人，再到成为一个妈妈，是一次又一次的蜕变，女性的生理和心理都发生了翻天覆地的变化。女性成为妈妈之后，更应该学会认知自我，调节情绪，学会安慰自己。

抱怨，只是一种无用的情绪发泄，对于教育孩子而言起不到任何作用，只能招致孩子的反感，将孩子推得越来越远，使孩子越来越不快乐。

孩子喜欢找借口的背后，必定有一个爱抱怨的妈妈

美国当代著名的教育家和心理学家本杰明·布卢姆曾经说过："借口是不想担负责任的托词，是不信守承诺的反映，是畏惧困难、不求上进的表现，它直接阻碍着一个人将来的成功。"然而，现实生活中的很多孩子遇到问题后也都会为自己找借口，比如："因为我有点粗心了，所以把加号看成减号了。""这次考试的题目平时都没有接触过，很多同学都不会做呢。""奶奶不帮我念题目，所以我做作业慢。""因为今天下雨，路很滑再加上堵车，所以我迟到了。"

遇到这些情况，家长们往往误以为孩子喜欢给自己找理由，只是因为害怕受到家长责备而产生的行为。实际上，孩子遇到问题找借口是一种心理上的应激行为，和妈妈在教育中爱抱怨、情绪波动大有直接关系。

首先，即使是成年人，在做错事情的第一时间想到的也是找理由逃避责任，这是人性的本能。而从心理学上来说，小孩子更乐于看到妈妈开心的样子，所以他们犯错时会感到羞愧、尴尬，并不断找理由为自己开脱。这样做的目的就是不想让妈妈生气,想要逃避妈妈的责备和批评。所以,妈妈要接纳孩子找借口这件事。

其次,妈妈的过度埋怨和责备,为孩子爱找借口埋下了伏笔。心理学家西格蒙德·弗洛伊德曾说过:"未被表达出来的情绪,永远都不会消失。它们只是被活埋了,有朝一日,会以更丑恶的方式爆发出来。"如果孩子从小就被妈妈不断唠叨、埋怨、批评,出于害怕,孩子会压抑自己的情绪,然后不断把自己的恐惧转化为外因,目的就是为自己找到合适的借口,逃避被指责。

我们一起分析错题,争取下次考个好成绩。

比如,孩子在语文测试中,考试成绩并不理想。如果妈妈没有责备,而是鼓励和包容,并且和孩子一起分析错题,那么孩子会觉得的确是自己的问题，并在下次考试中继续努力。反之，如果妈妈不停地埋怨："你怎么这么粗心，这么简单的拼音都能写错？""你看看你同桌，考得都比你好，你就不知道努力一点，细心一点？"……孩子会找各种外部原因来替自己解围。

再次，如果妈妈喜欢大包大揽，存在过度溺爱的现象（比如，孩子平时的穿衣、吃饭、收拾书包、玩具等，都是由妈妈代为完成），孩子就会慢慢出现过度依赖妈妈的心理。时间久了，这种依赖会变成缺乏责任心，一旦做错事，孩子便会觉得是别人的问题。比如，孩子蹒跚学步时，一不小心摔倒或者撞到桌子，妈妈就会做出边打桌子边安慰孩子的行为，同时会说："臭桌子，让你害我们宝宝摔倒，打你打你。"久而久之，孩子自己摔了、撞了，都会认为是地面、门窗、桌子的问题，逐渐会养成只要出现问题便归咎于别人的心理。

最后，妈妈本身爱抱怨，爱推卸责任。众所周知，父母是孩子的第一任老师，妈妈更会给孩子带来很大的影响。妈妈一旦开始抱怨并不停找借口，孩子成长的环境就会变得很糟糕。如果妈妈学会反思和思考，做错事情不再给自己找借口，而是积极寻求解决方法，那这样当遇到解决不了的难题或者孩子犯错时，妈妈就能够管理好自己的情绪，不再乱发脾气，也不再一味地指责别人。孩子便会在妈妈的影响下，逐渐明白责任的意义，并逐渐试着独立解决问题和承担责任。当然，妈妈在养育孩子的过程中，也要放开孩子的手脚，让孩子学会自己做主，慢慢培养孩子的自信心和责任心。

当孩子知道自己即使做错事，也会被妈妈包容和爱，这样的话，孩子就会知道，无论遇到任何困难，妈妈都会与自己站在一起。他们慢慢就会学会积极面对、勇敢前行。

2.3 妈妈的爱抱怨给孩子奠定了找理由的基础

某论坛曾发表过这样一个话题:"你的妈妈是否爱抱怨呢?你妈妈经常抱怨些什么呢?"

网友们各抒己见:"有时候觉得妈妈挺苦的,但是抱怨得多了,就觉得成了自己的负担。""我妈总是把对我爸的不满,转移到我身上。""反正,在我妈眼里我做什么也不对,做什么都能挑出毛病来。""我觉得我妈特累,明明自己很辛苦,却整天抱怨,结果搞得大家都很烦她,甚至想要远离她。"

网友们达成了一个共识:抱怨型的妈妈带给孩子的只有满满的负能量,这份爱太过沉重,沉重到孩子无法承担,想要逃离。

刘若妮到一档育儿节目寻求帮助,并带着几分怨气向育儿师讲述起自己的遭遇:"我感觉很痛苦,也很讨厌现在的自己。"刘若妮说着说着就有些情绪失控,育儿师轻抚着刘若妮的肩膀说:"别急,慢慢说,说出来心里就会舒服些。"

刘若妮继续说道:"我是个全职妈妈,我老公自己开了一家小公司。他每天早出晚归,应酬多、回家晚,所以教育孩子这方面根本指望不上他。你说我怎么就这么倒霉,找了个顾不上家的男人结婚呢?早知道是这样的结果,我还选择什么自由恋爱,我就应该听我爸妈的,去相亲。平时对孩子的吃穿照顾、辅导作业都是我一个人承担。现在孩子大一些了,我以为会轻松些,结果呢,正好相反!孩子现在做错事,我只要批评几句,他总是有各种借口。而且,我现在连吐槽他爸都不行了,还嫌我总是抱怨。我觉得是我老公把他惯成了这个样子。我就不明白了,我辛辛苦苦把他养这么大,这孩子怎么不心疼我,反而嫌弃我总是抱怨呢!真是个'白眼狼'。"

育儿师则淡定地说:"您也别急,今天我跟您一起回家,看看您平时的生活状况,以及是怎么教育孩子的。这样我才能全方位地了解,从而更快更好地发现问题,然后找出解决问题的方法。"

于是,育儿师跟随刘若妮一起回了家。刚进家门,刘若妮就冲着丈夫大声喊道:"你看看你,平时不回家,一回家就知道惯着孩子。你看看这鞋子,能不能进门脱了以后摆放整齐;还有这些衣服,能不能挂到衣架上?怎么说了多少遍,你们俩就是不改呢?真是要累死我啊?"

刘若妮的孩子小强充耳不闻,高兴地跑到她身边:"妈妈,爸爸陪我做手工呢!你看我们做的小汽车,帅不帅?"

刘若妮一脸不屑地继续抱怨道:"买这些东西有什么用,是能提分还是能当饭吃啊?你就不能多做做卷子、复习复习功课?你看看这桌子让你们弄得乱七八糟,这些东西就是垃圾,这不是给妈妈增加劳动负担吗?我真是个劳碌命,一进门就得伺候你们爷俩。"

小强一脸不高兴地把自己拼装的小汽车扔进了垃圾桶,

还使劲地关上了自己房间的门。刘若妮更是气不打一处来："真是长大了，翅膀硬了，要造反了，还学会摔门了。"

这时，刘若妮的老公赶忙出来劝慰："若妮，若妮冷静一点。"刘若妮哭着说："都是你，都是你惯得。"

刘若妮的老公使劲抱了抱刘若妮，说道："老婆，我知道你受苦了，也辛苦了。你为这个家付出得比我多，我有时候真的感觉这辈子最对不起的人就是你。为了照顾我，照顾孩子，你真的拼尽了全力。我作为丈夫和爸爸，却没有做得足够多足够好。让你不开心，是我的问题，我以后会尽量多陪陪你，多陪陪孩子，真的。"

刘若妮仿佛被戳中了痛点一般，痛哭起来："你知道就好。"

一旁的育儿师也若有所思地点了点头。等刘若妮情绪稳定下来，育儿师对她说："我也是个妈妈，其实从这个角度来说，我很理解您为了这个家所付出的努力和辛苦，也很理解您的感受。但是，指责和抱怨不能解决任何问题，而且情绪是会传染的。您可以想一下，您是不是经常和孩子发生争执？起初，你在孩子面前抱怨老公的时候，抱怨自己辛苦的时候，孩子是不是会安慰你。但是时间久了，孩子就变得无所谓了。孩子现在是不是凡事爱找借口，甚至在你每次抱怨发火之后，会想尽办法远离你？你们的亲子关系是不是也越来越冷淡？如果这些问题的答案都是肯定的，那么您真的应该反思一下自己，因为这说明您不停地抱怨已经给孩子造成了不良的后果。"

刘若妮有些困惑地说："刚才小强跟您说什么了吗？"

育儿师点点头，说："我和小强沟通了一下，他说他感觉您没有一天是开心的,觉得全世界都对不起您,甚至觉得有些无可奈何。他不知道自己怎么做才对,怎么才能让您满意,只是感受到了无穷无尽的埋怨。小强说,他希望有朝一日您能和他一起找问题找方法,而不是抱怨数落。"

刘若妮又哭了起来:"我真是个不称职的妈妈,居然没有意识到自己的抱怨对孩子有这么大影响。其实我这个人就是这样,有时候跟老公吵架或者教育孩子就忍不住把所有的不满、所有的'黑历史'都抱怨一遍,孩子肯定会觉得我是在指责他。我只考虑发泄自己的不满情绪,却忽略了孩子的感受。"

育儿师解释抱怨对孩子的成长破坏力有多大时打了个比方:"国外有个心理学家曾经做过这样一个实验,他建议一个患者每次抱怨的时候就在墙上钉一个钉子,结果一个月之后,整面墙钉满了钉子。心理学家又说,等你心情好的时候,可以拔掉一个钉子。然后一个月后钉子都被拔完了,但是墙面

> 上留下了无数的小洞。妈妈对孩子倾倒的不满和抱怨，就好比这些小洞，永远留在孩子心里，擦不掉也抹不去，是永久的伤害。"

　　成为妈妈之后，需要承担的责任会变得更多，承受的压力也会变得更大，很多妈妈内心会堆积很多不良情绪。这些不良情绪可以依靠抱怨来进行舒散，于是很多妈妈便爱上了抱怨。然而，抱怨型妈妈会给孩子带来很大伤害，所以如果想给孩子营造一个正能量的家庭氛围，妈妈就要尽量减少抱怨，并要试着学会自省。

　　孩子喜欢积极向上的妈妈，别因为自己的爱抱怨而让孩子满身负能量，更别让自己的爱抱怨使孩子变得毫无担当。

2.4 与其怨天尤人,不如主动承担

威尔·鲍温在《不抱怨的世界》一书中说过这样一句话:"如果不喜欢一件事,就改变那件事;如果无法改变,就改变自己的态度,不要抱怨。"

早高峰堵车往往是无法避免的,而想要上班不迟到,你要做的不是无休止地抱怨,而是早出门半小时或一小时。

育儿路亦是如此。妈妈停止抱怨,不再怨天尤人,遇事要用积极的心态来应对,努力思考解决方法,不回避、不推诿,必然会给孩子树立良好的榜样。

> 小时候的燕子经历了一场火灾,面部留下了极其明显的疤痕。家人曾尝试为她祛疤,无奈烧伤面积太大,根本无法祛除。这场火灾不仅毁掉了燕子漂亮的脸蛋,还吞噬了父亲的生命,烧伤了母亲的双腿。不过,母女俩并没有一蹶不振,妈妈依然笑对生活,燕子也从容而乐观。
>
> 当然,燕子由于容貌的缺陷,也有自卑的时候,尤其是到了上学的年纪。当她第一次站在讲台,在众人注视下自我介绍的时候,她从台下小朋友眼神中读到的是:"害怕、丑陋"。因此,无论是课间还是午餐的时候,燕子都会独自一人躲在

角落里。

放学回到家，妈妈看到一脸失落的燕子，赶忙询问："怎么了，遇到什么困难了吗？"

这时，燕子委屈得放声大哭起来："跟妈妈在一起，我不觉得自己有什么特殊，可是一到学校，我发现大家都用异样的眼光看我。我觉得自己是个怪物，我觉得大家都讨厌我、怕我，不喜欢和我说话，更害怕和我成为朋友。妈妈，我明天可以不去学校了吗？"

妈妈并没有露出不悦和着急的神色，反而把燕子紧紧抱在怀里，温柔地解释说："因为烧伤，你在外表上和别的孩子的确有点不一样，但是这不代表你的生活就没有希望了。你应该更多地让大家了解你，让大家知道你和他们一样，爱玩爱闹，爱学习懂礼貌，慢慢地大家就会接受你了。你看妈妈腿脚不方便，但是也没有自暴自弃，我还不是又打工又种地，活得有滋有味的。人如果连自己都不相信自己，总是怨天尤人，总是逃避问题，那么问题只会越来越多，心情也越来越不好，身边更不会有朋友，生活也无法继续下去。你明天就试着多和同学们说几句话，哪怕只是打个招呼也行，上课多回答问题，让大家多多关注你。久而久之，他们一定会接受你的。孩子，你永远要记住，上帝给你关上一扇门的时候，一定会给你打开另一扇窗户。所以，凡事都是有希望的，只要你肯努力改变，只要你肯去尝试去做。"

父母是孩子最好的老师，只有妈妈乐观积极向上，孩子才能笑对生活。比如，妈妈打算带孩子出去玩，却突然下起了雨，乐观的妈妈会这么说："太好了，下完雨就凉快了，花花草草都能得

到雨水的滋润长高长大,连空气都会变得新鲜,雨后咱们去公园走走也不错!"而悲观爱抱怨的妈妈则会说:"真是天不作美,好好的出行计划又被打乱了!这下出不去了,你就乖乖写作业吧!真是倒霉。"

不难看出,下雨的结果已经无法改变,但是乐观的妈妈却传递了一种好情绪,一种积极的思维方式,凡事都往好处想,并积极寻找解决办法——虽然去不了游乐场,但是雨后还可以逛公园,呼吸新鲜空气。

其实,做个积极乐观的妈妈也不难。如果你觉得独自带娃太辛苦,索性给自己放个假,把孩子交给老公或者其他家人,让自己疲惫的心彻底放松一下;如果你和家人关系太紧张,你可以尝试换位思考,把抱怨变成正能量的一些话;如果你看不惯孩子的缺点,不妨反思是不是自己太较真,太过追求完美,然后试着给孩子一些成长空间;如果你觉得孩子太过自卑,不妨反思是不是自己的教育方式出了问题,然后尝试放手,让孩子多和别的孩子一起玩耍,并试着多多鼓励孩子。

妈妈变得积极阳光了,孩子才会尽情地享受母爱,尽情地"舒展枝丫",茁壮地在阳光下成长。

第三章

克制愤怒：

让孩子学会控制自我

3.1 "愤怒型妈妈"的三个特征

有一些妈妈,她们的情绪就像六月的天气般阴晴不定,前一秒还笑容满面和蔼可亲,下一秒就满面怒容脸色阴沉。这种类型的妈妈,习惯用这样的语言教育孩子:"怎么说你都不听,非得等老师罚你才高兴吗?""活该,妈妈管不了你了,你自己看着办吧。""这么简单的题你都不会,你上课干吗了,耳朵眼儿是出气的吗?""让我说几遍,你才能记住,你脑子怎么这么笨呢?""早晨本来时间就宝贵,你能不能快一点?"

这便是愤怒型妈妈的一些表现。

愤怒型妈妈的第一个特征:听风就是雨。她们往往不听孩子解释和描述事情的经过,习惯否定和批评孩子,经常因为一点点小事就发火动怒,甚至动手打孩子。比如,被老师告知孩子与同学发生冲突,愤怒型妈妈会不问青红皂白,就劈头盖脸地训斥自己的孩子。如果孩子解释或者提出异议,妈妈则可能忍不住关起房门打孩子。再比如,辅导孩子作业时,这类妈妈说的最多的话往往是:"上课时老师没有讲这道题吗?你是不是走神儿了?就算走神了,现在我又给你讲了一遍,你记住了吗?我和你爸怎么生了你这么一个笨蛋?"

这类妈妈喜欢给孩子设置标准,一旦孩子达不到设置的标准,

她们便会产生失落感。可是，孩子不是机器，不是妈妈制定了标准，讲明白了理论，孩子就会分毫不差地执行。孩子需要不断引导，更需要不断鼓励，因此教育孩子的过程中需要的是耐心和理解，不是发怒和不辨是非地指责。而且，孩子不会做、会犯错，是很正常的事情，作为妈妈应该认识到这一点，并给孩子犯错、试错、改正和学习的机会。

愤怒型妈妈的第二个特征：爱唠叨，喜欢用犀利、刻薄的语言指责孩子。美国爱荷华大学心理实验室的一项调查显示，妈妈每天对孩子说出的话语中，只有不到20%的表述是积极和充满鼓励的，大部分都是语言暴力："你怎么这么不听话？""你看看别人家的孩子，你再看看你自己。""你再这样，妈妈就不爱你了！以后别喊我妈妈了，我没有你这样的孩子。"……

愤怒型妈妈的第三个特征：喜欢用大吼大叫以及强迫的方式教育孩子，不允许孩子表达个人想法。否则，她们便会认为这就是"顶嘴"和叛逆。这样的妈妈一般都很干练和强势，她们能把家庭打理得井然有序，也能把工作处理得井井有条，但是不能忍受错误的出现，更不能容忍孩子犯错。

很多女性在成为妈妈之前，都是贤良恭顺、温柔可人的，但是为什么有了孩子之后，火气就越来越压不住了呢？

生儿育女不仅仅是身体上的疼痛和疲惫，更多的是心理上的压力和焦虑。当这种压力和焦虑层层叠加，却又得不到他人及时的认可和关爱时，就会演变成怨气，而这种怨气会间接发泄到孩子身上。

另外，女性成为妈妈之后，职场竞争压力便更大了。因此，妈妈在家也习惯保持强势的作风，喜欢凡事安排得妥妥当当。而且，妈妈非常在意别人对孩子的评价，当孩子收到负面评价时，妈妈的心情就会变得糟糕。然而，爱发火的妈妈通常会教育出特别调皮的孩子，妈妈面对这类孩子又往往不知所措，于是只能更加严厉地训斥、打骂孩子……就这样，妈妈与孩子之间形成了一种恶性循环。

实际上，妈妈不是"超人"，在家里应该卸下自己的"铠甲"，给孩子理解和空间，不要强迫孩子、压抑孩子的天性。

3.2 妈妈越愤怒,孩子越暴躁

俗话说:"种瓜得瓜,种豆得豆。"对于家庭教育而言更是如此。一个易怒的妈妈,很容易养出冲动和乱发脾气的孩子。

当孩子出现暴躁情绪时,妈妈一定要及时反思自己的教育方式和调节情绪的方式是否出了问题。因为孩子是善于模仿的,尤其会从妈妈身上习得处理问题的方式和态度。

"乐乐妈,昨晚又训乐乐了吧?"隔壁邻居见到乐乐妈打趣地问道。

乐乐妈叹了一声气,说道:"是啊,别提了,我昨晚又没忍住,又发火了。昨天我做好了晚饭,本想让他赶紧吃完,我们好一起复习做卷子,毕竟快考试了,我想多给他复习一下。结果他可好,吃饭慢慢腾腾,还一边看动画片一边吃,结果多半个小时了,还在那儿磨蹭。我一着急'啪'地就把电视关了。"

"然后孩子肯定不乐意了吧?"邻居追问道。

"是啊,居然跟我说这个动画片每天就更新一集,还说马上就看完了,求我给他打开电视。我一听火气就来了,我让他在吃饭和看电视之间选一个,而且作业都没写完,看什么电视,真是不像话!他可能觉得我的声音太大了,竟然也有些激动,站起来冲我嚷嚷,说以前他边吃边看电视怎么不管,凭什么今天管他那么严?我一看这情形,火气就压不住了,便对他说,你今天就是不能看,有本事你就别吃饭,饿着。"

"然后呢,你打乐乐了?"邻居好奇地问。

"哼,真是翻天了,不打记不住!我对着他屁股就打了两巴掌。结果他恶狠狠地瞪了我一眼,然后就哭着跑回了房间,还重重地关上了房门。"

"你啊,是不是最近压力太大了,所以才这么爱发火?教育孩子还是急不得,需要学会冷静。"邻居安慰道。

"女人到了四十多岁,压力肯定大啊!你看看我家老人都行动不便,家里还请了看护。乐乐今年又赶上中考,我和他爸今年也都面临评职称。有时候感觉自己真的像背了一座大山,被压得喘不过气来,经常感觉自己的情绪像火山,随时可能爆发。我发完火也知道自己不对,也会后悔说一些过分的话,但是又不知道怎么跟孩子开口解释,也不想放下自尊跟孩子道歉,总觉得这样就失去了威严。"乐乐妈无奈地说道。

"你啊,以后还是得耐心点!你发脾气,孩子也会跟着发脾气,教育效果不但没有,反而会让你们的亲子关系越来越疏远。"邻居对乐乐的妈妈说出这句话后,便忙自己的事情去了。

现实生活中,像乐乐的妈妈这样的家长不少。妈妈们不妨先来反思一下,在孩子出现以下行为时,你是不是也会突然变成发怒嘶吼的妈妈。

1.孩子吃饭慢的时候,追着喂饭也没什么效果;孩子早晨起床困难，反复叫了几次都不肯睁眼、起床；孩子做作业磨蹭，你怎么催促都无济于事。实际上，当妈妈因为这些生活琐事愤怒时，恰恰暴露了妈妈对孩子缺乏耐心。

2. 妈妈以"过来人"的身份对某件事情提出了自己的建议，结果孩子提出了不同的意见。比如，孩子想在周末的时候学习自己感兴趣的课程，妈妈却觉得分数最重要，还是应该报个补习班；再比如，带孩子去商场买衣服，孩子想挑选自己喜欢的颜色和样式，妈妈却觉得孩子还是应该穿运动装，不要在乎款式和颜色。这个时候，妈妈应该理解和尊重孩子的意愿，万不可践踏和无视孩子的自尊。

3. 孩子在习得某项技能，或者做某些事情没有做好的时候，妈妈往往会不断指责孩子笨。比如，一年级的孩子刚开始学十以内的加减法时，总会掰着手指算，可是即使这样，也经常出错。一旦出错，妈妈就会说："你怎么这么笨，这么简单的数学题都做不好，长大以后该怎么办？真是气死我了。"而实际上，妈妈之所以觉得这些算术题简单，是因为自己已经学过而且掌握，是站在自己的角度和立场来看待这件事，并不是站在孩子的立场来看这件事。

4. 当孩子哭闹时，妈妈通常恨不得堵住孩子的嘴，习惯用生气发火的方式镇住孩子的哭闹。比如，孩子小的时候，饿了、渴了、困了、烦躁了，或者想要得到妈妈关注的时候，都会用哭闹来表示自己的不满。孩子这时候需要的是妈妈的理解和安慰，甚至是一个拥抱。妈妈这时候如果愤怒地制止孩子，只能加剧孩子的哭闹，让孩子更加没有安全感，渐渐地让孩子的性格变得暴躁不安。

5. 夫妻经常吵架，甚至婆媳关系不和，经常大吵大闹。比如，有的妈妈和丈夫吵架时会说:"有本事离婚,你这辈子就别想再看到孩子。"或者妈妈一边哭一边搂着孩子说:"要不是为了你,妈妈早就跟你爸离婚了!都是为了你,你还不听话,真是白养了,早知道就不养你了。"孩子听到这些话时,除了哭泣也会跟着苦恼,觉得自己随时可能会被父母抛弃,觉得自己是一个累赘。

究其根源,妈妈发火是因为爱,但爱的方式错了。孩子的所有行为都是参照父母的言行举止。如果妈妈不懂得及时扼制自己愤怒的情绪,那么孩子也就不会及时改变暴躁的脾性。

3.3 喜欢生气的孩子抓不住机遇

如果妈妈不重视自己的愤怒情绪对孩子成长带来的影响，一而再，再而三地因为孩子的行为暴跳如雷、恶语攻击，等到孩子也开始模仿妈妈的处事方式，形成了暴躁易怒的性格，妈妈再去想办法纠正就很困难了。更可怕的是，爱发脾气的孩子会失去很多珍贵的东西，比如机遇、朋友，会让自己陷入孤独无助的境地。

小雨有一个名叫皮皮的儿子，他今年六岁了。人如其名，皮皮真的非常调皮，小雨想了很多方法也没有将他管束好。

一天，皮皮做完作业到院子里和小朋友们一起玩警察抓小偷的游戏。为了躲避小朋友的追赶，皮皮跑得飞快，还不时地回头查看对方和自己的距离。就在这时，一个阿姨推着婴儿车经过，皮皮一下子撞上了婴儿车。虽然婴儿车里的宝宝没有受伤，却被吓了一跳，不停地"哇哇"大哭。

皮皮赶紧向阿姨道歉。阿姨没说什么，只是赶紧抱起婴儿安慰。这时，小雨过来叫皮皮回家吃饭，看到眼前的一幕后急忙询问。

"怎么回事，你是不是又闯祸了？"小雨生气地揪住皮皮的耳朵大声问道。

皮皮一直低着头不敢作声。一旁的阿姨赶紧说道："没事没事，孩子也不是故意的。估计就是贪玩，一不小心撞上了婴儿车。我的孩子没事，就是有点吓到了，您也别冲孩子发火了。"

小雨却更生气了，痛骂道："你这个没出息的东西，我说了多少次了，咱们小区人多、车多，来回乱跑很危险。你就是不听，这下好了吧，还撞到了这么小的孩子。赶紧回家给我面壁思过去，以后就在家待着，哪里也不许去了，真是不叫人省心。"

皮皮突然抬起头恶狠狠地瞪了妈妈一眼，然后大吼："妈妈，我恨你！"接着，头也不回地跑回了家。

小雨本以为皮皮会因为这件事消停一段时间，结果却恰恰相反。他不但更加调皮捣蛋，而且脾气也变得暴躁易怒。

有一次，皮皮趁妈妈不注意在家玩起了火，幸亏妈妈发现得及时，才避免了火灾的发生。

"你真是无法无天了！你知不知道玩火很危险啊，不想活了吗？"妈妈还没教训完，皮皮便大喊："你能不能别说了，平时就知道教训我，我做什么都不对是吗？那我还活着干吗？"说完皮皮使劲地用自己的头开始撞墙。

小雨被吓到了，赶紧抱住皮皮轻声安慰："妈妈错了，你别吓唬妈妈啊！妈妈以后不训你了！"

皮皮不依不饶，一屁股坐到地上大声哭喊："当妈妈就可以不停地训斥孩子吗？我做的所有事情都是错的吗？有本事你就骂死我、打死我吧！呜呜呜呜……"

这件事不久，皮皮的班主任打电话给小雨："您来一趟学校吧，咱们沟通一下。皮皮刚才因为同学的一个玩笑，把同学打了。"

小雨赶到学校，皮皮正低着头站在班主任办公室里。班主任见到小雨后焦急地问道："皮皮最近怎么了，脾气怎么越来越暴躁？上次因为同学弄坏了他的数学本，就和同学发生了口角。这次直接动手打人了，幸好老师及时发现，两个孩子都没有受伤。"

小雨赶忙道歉："对不起，对不起，我们家皮皮给您添麻烦了。他现在在家脾气也不好，我只要一教育他，他就生气不吃饭，甚至有时候还自残。"说着说着，小雨忍不住抽泣起来。

班主任安慰道："皮皮之前还是很不错的，爱学习爱劳动，和同学的关系也不错，他还一直是班长呢。前几天竞选班长，皮皮落选了。我事后问过同学们，大家都说最近皮皮的脾气很怪，总是为一点小事就大发雷霆，大家都不敢和他说话了，因此不希望他担任班长。而且，最近皮皮在学习方面也不是很用心，昨天的月考，他竟然没及格。我说改完的试卷需要家长签字，今天我收回来的时候，发现他没有交。其实，孩子最近脾气变得不好，咱们作为家长和老师都需要反思，是不是自己用错了方法。所以，今天叫您过来也是想了解一下，咱们一起找解决办法，早点让孩子改正。"

小雨听着老师的话，不由得惭愧起来："我觉得皮皮说得对，我就是个不称职的妈妈。平时由于他调皮捣蛋，我总是冲他发火，在外人面前也会忍不住冲他发脾气。他总说我像个发疯的'大狮子'，每天都在冲他咆哮。其实，我也很无奈，也很讨厌自己。最近皮皮开始暴躁到打自己、诅咒自己，我仿佛看见了自己平时发怒的样子，我这才知道自己的教育有多失败。我总想，等他再稍微大一些就好了，没想到会越来越糟糕。

我现在也感觉很后悔很无助,对不起老师,给您添麻烦了。"

老师接着说:"其实大家爱孩子的心都可以理解,望子成龙的期望也没有错。只是当妈妈选择用生气吼叫的方式和孩子进行交流的时候,孩子注意到的只是妈妈很生气,孩子会觉得害怕,会担心妈妈不再爱他们。这种教育方式,使得孩子不在沉默中爆发,就在沉默中灭亡。有的孩子可能面对妈妈的无端发火,会变得沉默不语,也有的孩子会随着年龄的增长变得暴躁易怒,甚至到青春期的时候,会与妈妈的关系彻底走向破裂,他们恨不得早日离开家离开妈妈的管控。咱们是时候反思一下了,别因为不好的情绪,让孩子失去同伴、失去童趣、失去机遇,最终耽误孩子的一生。"

小雨若有所思地点了点头。

孩子的性格具有可塑性,妈妈要及时甄别自己的不良情绪,给孩子创造和谐的生活氛围,学会多一点耐心和引导,少一些暴怒和无端指责。

3.4 每次发脾气之前的三问

企业家李开复曾说:"在批评中长大的孩子,责难他人。在恐惧中长大的孩子,常常忧虑。"

当妈妈用情绪化的方式教育孩子的时候,你的愤怒已经化作利刃刺伤了孩子的自尊心、自信心和责任心,让他们在学习和生活中逐渐失去了主见和自信,学会了逃避责任,甚至误以为心情不好只能通过喊叫、打骂的方式发泄情绪。

作为孩子的第一任老师,一念之差就可以毁掉孩子的一生。教育孩子是否需要发脾气,一定三思而后行。

暑假的时候妈妈独自带着7岁的莉莉去学游泳。一天,妈妈和莉莉约定:"宝贝,你和教练在这里好好练习呼吸,妈妈去隔壁的网球馆打会儿球。你不要乱跑哦,有什么事情跟教练说,妈妈一小时后回来找你,好吗?"莉莉开心地点了点头说:"你放心吧,妈妈,我都是大孩子了。"

虽然妈妈有些不放心,但还是一步三回头地向网球馆走去。一小时过后,妈妈打完网球回来,却没在游泳池内看到莉莉的身影。她心里顿时一慌,赶紧跑到教练身边询问:"王教练,我女儿呢?怎么看不见她?"王教练"噌"地站起身,反复察看游泳池和周边:"咦,刚才我回头看的时候,她还在瑜伽垫子上趴着自己做练习呢。怎么一眨眼的工夫就不见了?"

王教练先是安抚妈妈:"您别急,门口的保安肯定不会让一个小孩子单独离开的,所以孩子肯定还在游泳馆。说不定她就是贪玩在哪里躲着呢,咱们一起找找。"然后,两人兵分两路开始寻找。试衣间没有,休息室也没有,最终,两人在厕所找到了莉莉。

妈妈深呼吸了一下说道:"你这丫头胆子好大啊,就不怕妈妈和教练看不到你担心吗?"

莉莉有些不好意思地说:"肚子突然有点疼,没顾上和教练说就急忙来了厕所,结果发现厕所卫生纸没了。我觉得你们肯定能找到我,所以就蹲在这儿等你们来救我!哈哈,快点吧,妈妈给我点儿卫生纸!"

妈妈和教练都被逗笑了,教练赶紧找来了卫生纸。莉莉走出厕所,看到妈妈和教练正在笑着交谈。

教练说:"我看你还真是个好妈妈!换了其他孩子的妈妈,如果找不到孩子一定会和我们吵一架,等找到孩子估计又得把孩子训斥一顿,不解气的话估计还得打孩子几下。我看你只是很平和地向孩子表达了你的感受和担忧。"

妈妈笑道:"不着急才怪呢!你没看我刚才也是深呼吸了一下,让自己的情绪平复下来才和孩子说话吗?你们虽然是教练,负责教授孩子们游泳,但是也不能一直盯着所有孩子啊!况且,孩子自己长着腿呢,真没准跑到哪里去调皮捣蛋呢。何况都已经找到她了,我再跟她发火,她感受到的也只是我愤怒的情绪,并不知道我很担心她,这样只会让她怕我,

> 时间长了,我怕她心里会失去安全感,反而变得更脆弱。"
>
> 教练说:"真是不好意思,莉莉妈妈,是我工作的疏忽,让您着急了。我向您赔礼道歉!"
>
> 妈妈笑着说:"没事没事,我瞧你刚才比我还着急呢,脸色都变白了。莉莉,你以后可别这样什么也不说就走了啊,教练和妈妈多着急啊!"
>
> 莉莉挠了挠头笑着说:"不好意思啊,教练,是我错了,你可以罚我在游泳池再多玩一会儿!"

故事中的妈妈找到女儿后没有像大多数妈妈一样愤怒地责备,也没有当着孩子的面指责教练,而是让自己先冷静一下,不带着愤怒的情绪教育孩子。这种做法是值得所有家长借鉴的。

成年人面对面目狰狞正在发火的人,也会心里发怵,何况是孩子呢?孩子可能也有自己的苦楚,但是看到妈妈生气了、发火了,便不敢表达自己的想法,甚至有的孩子会因此关闭心里的大门,变得自卑和沉默。

尽管大部分妈妈在事后都会忏悔自己的冲动,甚至暗暗决定下次一定冷静,但是孩子再次犯错时又会情绪爆发。妈妈不妨试一下,对孩子生气发火前让自己先冷静三分钟,问自己三个问题。

第一,孩子的行为是否值得自己大发雷霆?其实,孩子贪玩、对事物充满好奇心是一种正常表现。如果孩子偶尔拆玩具、弄脏衣服,把家里的桌子弄得乱七八糟,或者和小朋友追逐的时候摔倒了……妈妈应该淡定地告诉孩子要小心、要学会自己收拾。如果孩子做一些存在危险的动作,应该告诉孩子这些行为具有危险性,而不是发火或者吓唬孩子。父母要记住,生气发火只能降低

孩子的安全感，让孩子更加不知所措。

第二，发火是否能起到教育的效果？比如，孩子玩泥巴的时候，不小心把新衣服弄脏了，给孩子换了一套又脏了，再换一套也脏了，孩子不到一小时弄脏了三套衣服，妈妈的火气也跟着来了。然而，妈妈发火的时候是否想过，自己发火后还是要洗衣服，而孩子反而会因此受到惊吓。不如自己冷静下来，让孩子参与到洗衣服的过程中，或者与孩子一起探讨玩泥巴不弄脏衣服的办法，这远比冲孩子发火更有教育意义。

第三，发火的后果是什么，是否会给孩子带来负面影响？妈妈愤怒地嘶吼，在孩子的眼里就像是发疯的"怪兽"。孩子不知道妈妈为什么生气，不知道怎么应对妈妈的愤怒，他们只能感到恐惧、无助，并渐渐变得冷漠，不想交流。而妈妈的愤怒和言语暴力，只会让问题搁浅，让教育陷入困境和无奈。

希望所有的妈妈在向孩子发火生气之前先问自己这三个问题，以此识别自己生气愤怒的原因。久而久之，妈妈和孩子的关系会越来越和谐。当妈妈的情绪变得平和，孩子也会越来越有安全感。

第四章

跳脱自卑：

让孩子相信"我能行"

4.1 "自卑型妈妈"的三个特征

"你不行,你这样做不对,你不应该这么不听话。"这种经常否定、打击孩子的言行你有吗?

你是否也是这样,在外人面前是一个温柔体贴的妈妈,但是回到家就变成爱找麻烦的"专家",总是不停地教训孩子?你是否也经常命令孩子做事,尤其喜欢拿大人的标准要求孩子?你是否觉得自己没有私人的时间和空间,也不愿意给孩子更多的自由时间和空间,喜欢不分场合地全方位把控孩子的一切?你是否也喜欢拿别人家的孩子与自己的孩子进行比较,总是喜欢夸赞别人家的孩子,贬低自己的孩子?你是否觉得自己家的孩子胆子越来越小,性格也越来越自卑?

孩子之所以变成这样,与自卑型的妈妈密切相关。

自卑型妈妈的第一个特征:总是对自己的外貌体态或者学历、教育方式缺乏自信,因此格外在意别人的评价和眼光。她们成为妈妈之后很不自信,常说的一句话是:"我不行,我不太擅长。"这样的妈妈往往很在意别人对孩子的看法,总担心听到"差评",而且一听到差评就会很难过,并对孩子发火。

自卑型妈妈经常会对孩子采取怀疑和否定的态度,喜欢拿自己的孩子与别人的孩子进行对比,常对孩子说别人家的孩子多么

优秀、多么聪明。如果孩子长时间被灌输"你不行,你太笨,你不可以"的观念,久而久之孩子也会觉得自己的世界变得无趣而灰暗。

从根源上来讲,自卑是人的行为认知出现了问题。究其原因,行为认知出现偏差与原生家庭有关。比如你小时候很胖,但长大之后并不算胖,却因从小被父母不断强化"胖"的标签,于是你不断减肥,目的不是变瘦变美,只是为了获得父母的肯定和喜欢。

一些自卑的妈妈喜欢炫耀,尤其是和其他孩子的家长在一起的时候,更乐于炫耀自己的生活多么富足,或者自己带孩子多么用心,甚至喜欢拿孩子的学习成绩进行炫耀。然而,一旦有人说他们的孩子更为优秀,或者说他们的生活更加幸福,自卑的妈妈就会感觉很难堪。

妈妈的比较或许满足了自己的虚荣心和面子,却给孩子带来了挫败感和落差感,这无疑也是一种心理层面的打击。

由于担心自己的孩子"继承"自己的自卑,自卑型妈妈更希望孩子能够好好学习，能够出人头地，于是对孩子的要求更高、更多。然而，妈妈的这种做法给孩子带来了无尽的心理焦虑和负担。

自卑型妈妈的第二个特征：具有讨好型人格，不喜欢展现自己，害怕"枪打出头鸟"，做事没有主见，喜欢人云亦云。成为妈妈之前，自卑倾向的女人凡事小心谨慎，做事总喜欢想到所有可能发生的状况，处理突发事情的能力较弱。工作中，这类女人虽然兢兢业业，但是升职加薪也与她们无关；生活中，这类女人看起来温柔体贴，实际上缺乏内在气质，既不善于表达，也没有什么独特的技能。

这类女人成为妈妈之后，就会失去自我，甚至很多时候忽略了自己。虽然她们会给孩子选购最好的奶粉、最好用的纸尿裤、最舒适的衣物、做优质的辅食，但对自己缺乏关爱，每天顾不得打理自己。即便老公想要买一些贵重的化妆品或者首饰奖励她，自卑的女人也会觉得这是在浪费金钱，不如给孩子买点实用的物品。

无视自我的妈妈"富养"出来的孩子，往往自大又敏感，自尊心极强，抗挫折能力却很低。同时，他们会习得妈妈的自卑，为人处世不够积极，看待任何事情都比较悲观。

自卑型妈妈的第三个特征：不愿意尝试新事物，不擅长与人交际，对任何事情都充满了担心，喜欢说的一句话是："这不行，那不行……"因此她们也不喜欢孩子冒险，希望孩子完全按照自己设定的轨迹成长。这样的妈妈多为上班族的女性，因为工作压力大，回归到孩子的家庭教育上时，负罪感会占据整个内心。她们总觉得由于自己工作的原因，对孩子缺少爱与陪伴，因此对孩子过分溺爱，甚至会打着"为了你好"的旗号过多地约束、控制和批评孩子。

这种环境下长大的孩子,比较依赖妈妈,尤其想要获得妈妈的肯定。一旦妈妈提出否定或者不满,孩子就会感觉没有安全感,也会变得更加自卑。

奥地利心理学家阿尔弗雷德·阿德勒在其《自卑与超越》一书中就曾指出:"孩子的生存取决于成年人,孩子的性格缺陷与母亲在童年时期的教育密切相关。如果母亲太软弱,太自卑,孩子几乎不可能不自卑。"

不管是孩子还是妈妈,都应该及时调整自己,让自己能够积极勇敢地面对生活、工作、学习,走出自卑,成为更好的自己,成就更好的人生。

妈妈的不自信会让孩子远离成功

在教育中,妈妈会通过自己的行为、言语传递不良的情绪、愿望、判断和态度,让孩子觉得自己不够优秀,做什么都不对,这就是典型的消极心理暗示。这种暗示对孩子最直接的影响就是孩子变得不自信——不相信自己,害怕失败,习惯性无助。

一本书中写过:"爱,其实是很多不认同的借口。正因这样,所以也就不需要正常的沟通了。虽然有,但是消失在很多很多的安静里,好像有一个伤口,没有东西用来治疗。多少父母和孩子在一间屋子里却什么都不说。"

现实生活中妈妈的不自信最常体现在对孩子的行为和想法的"打击"上。对于这种打击,尽管妈妈会冠以爱的名义,却堵死了孩子想要进步的"路",成为一生挥之不去的伤害。

> 晓晓是一个活泼可爱的女孩,平时无论做什么都表现得很积极,她经常挂在嘴边的一句话是:"来,让我试试,我能行!"周围的小朋友也都喜欢和晓晓一起玩,因为她总是胆大又心细,还乐于和小朋友分享、交流。老师和周围的邻居也对晓晓赞赏有加,说她是一个懂礼貌还热情大方的孩子。
>
> 晓晓在音乐上也表现出了惊人的天赋。她在四岁时第一

次接触古筝就能很快记住指法，老师都忍不住对她连连夸赞。而且，晓晓仅学了一年古筝就可以上台表演。

然而，随着年龄的增长，妈妈却对晓晓越来越担心，为此还专门带她到心理门诊进行咨询。

未等医生询问，妈妈就焦急地说："医生，我觉得我女儿可能病了，是心理方面的疾病，以前那个活泼可爱大胆的女儿不知道从什么时候开始不见了。现在她刚上小学二年级，我却觉得她不仅学习上没了动力，就连她最爱的古筝也几乎要放弃了。马上要进行古筝考级了，我以为她反复练习就会掌握，结果她不仅记不住曲子，连基本的指法也接连出错。昨天她还跟我说，想放弃考级了，觉得自己怎么努力都考不过。我现在很担心，但是又不知道问题出在哪里，也不知道该怎么帮助孩子。"

这时，医生看了一眼晓晓，她从进门到现在不仅眼神无光，而且一直低头拽着衣角，既不抬头看医生，也不抬头看妈妈。医生向晓晓的妈妈提出建议："我想和晓晓单独聊一会儿，您方便去外面等一会儿吗？我和晓晓聊过之后再叫您，咱们再来沟通和分析孩子的情况。"

妈妈依依不舍地看了看晓晓，走出了诊室。这时，晓晓反而长舒了一口气。医生说："晓晓是不是很怕妈妈，甚至有点烦妈妈呢？"

晓晓不好意思地挠了挠头说："有点儿吧，其实我觉得自己很笨，总惹妈妈生气，所以心里总觉得过意不去。"

医生接着追问："刚才听你妈妈说，你古筝弹得很好，小时候也很勇敢很活泼，最近是遇到什么困难了吗？为什么突然变得这么不自信了？"

晓晓情绪有些激动，委屈地说道："我也不知道怎么回事，妈妈总说我做得不好。我参加演讲比赛，她让我反复看别人演讲的视频，说我的演讲不够激情，缺乏抑扬顿挫，可我已经觉得很好了。学习也是如此，我觉得自己不需要参加补习班，可是妈妈还是给我报了很多补习班，让我连一点玩儿的时间都没有。即便如此，妈妈还是觉得我学习不如别人家的孩子好。我觉得自己怎么做都做不好，怎么努力都不行，我有点想放弃了。我不是一个聪明的孩子，让妈妈一直失望，我不喜欢这样的自己，但是我又不知道怎么改变。"说完，晓晓忍不住哭了起来。

医生安慰了一下晓晓，然后让晓晓到另外一个休息室等待，接着把晓晓的妈妈叫了进来，语重心长地说："晓晓现在很明显已经出现了心理障碍，而这种心理疾病产生的源头就是您长期的打压和消极的心理暗示。如果您不想孩子因此抑郁，就必须改变您的教育方式，别让您的不自信和打压毁了孩子的一生。"

晓晓的妈妈听完医生这番话吓得目瞪口呆："晓晓的病情这么严重了吗？是我造成的？您确定？"

医生深深地点了点头:"您是不是平时喜欢拿她和别的孩子进行对比?您是不是总对孩子不满意,而且经常批评打击孩子?"

妈妈若有所思地点了点头说:"是的,但是我那是怕她骄傲。我是为了她好啊,我希望通过这样的言语激励让她做得更好。"

医生解释说:"没有孩子是天生不自信的,他们都是在学习和生活中不断被打压、训斥和嘲讽后,选择性退缩,觉得与其被打击,不如放弃尝试,以防自己受到更大的打击和伤害。也就是说,她习惯了从开始便否定自己,这才成了我们眼中不自信的孩子。而当孩子开始不自信,做什么事情都将提不起兴趣,他们不敢坚持,不敢尝试新东西,距离成功也越来越远。所以,您现在最需要做的事情就是不要总打击孩子的自信心,多发现孩子的优点,多鼓励孩子!"

妈妈爱孩子是毋庸置疑的,但是爱的方式不应该是打压孩子,而应该在孩子取得进步时给孩子加油助威。另外,妈妈也要不断提升自信,从各个方面提高自己,这样孩子才会在妈妈的影响下变得乐观向上,并逐渐走向卓越。

4.3 孩子需要妈妈的支持、鼓励与信任

美国心理学家和精神分析专家爱利克·埃里克森在《儿童与社会》一书中曾提出这样一种观点：人心理的发展可以划分为八个阶段，而在3到6岁时，儿童存在一种正视和追求有价值目标的勇气，这种勇气不为幼儿想象的失利、罪疚感和惩罚的恐惧所限制。也就是说，如果父母在教育过程中给予这一时期的孩子更多的信任、支持和鼓励，孩子就会有主动学习的欲望，同时更负有责任感。反之，父母如果总是反对、打击、讥讽孩子的想法和行为，孩子就会自卑并失去兴趣和信心，更倾向于服从别人安排自己的生活，缺乏对新生活的开拓精神。

杰克·韦尔奇被人们熟知的身份是美国通用电气公司的首席CEO。他仅用20年的时间便将一个"行将就木"的公司经营成了价值4800亿美元的全球第一大公司。因此，他也被大家奉为"美国最成功的传奇人物""全球第一CEO"。

杰克·韦尔奇曾说："所有的管理都是围绕'自信'展开的。"而大家意想不到的是，杰克·韦尔奇也曾因为自己个子不高，甚至有些口吃严重缺乏自信，但正是在妈妈的信任、支持和鼓励下，才有了令人羡慕的成就。

1935年11月19日，美国的马萨诸塞州的一个普通家庭迎来了一个新生儿，父亲给他取名杰克·韦尔奇。父亲负责工作赚钱养家，养育孩子的主要任务就由母亲来完成。然而，杰克·韦尔奇过得并不开心，平时几乎一句话都不说。这是因为杰克·韦尔奇觉得自己和同龄的孩子相比，个头较矮，说起话来还有些结巴，因此他有些自卑，既不喜欢表现自己，也不愿意表达和分享。

　　口吃的毛病不仅让杰克·韦尔奇十分怯懦、自卑，也使得他经常被大家取笑。

　　杰克·韦尔奇的怯懦和自卑，让妈妈看在眼里急在心上，但是她并没有抱怨和变本加厉地打击孩子，而是拿出了最大的善良和鼓励。无论杰克·韦尔奇做什么，妈妈都会微笑着说："孩子，口吃只能说明你的大脑太聪明了，所以你的舌头有些不适应。跟不上是很正常的表现，即使是其他人也不能跟上你这么聪明的大脑。相信妈妈，口吃并不是什么难以克服的缺点。你只要克服自己的心理障碍，勇敢一点，多加练习，你就可以和其他人一样流利地讲话。妈妈始终相信你是最棒的。"

　　在妈妈的鼓励下，杰克·韦尔奇渐渐放下了心理负担，改变了对自己的看法，开始慢慢练习。不久，杰克·韦尔奇在上课时，已经可以积极回答老师提出的各种问题，并且回答问题时候的逻辑思维比其他同学更清晰。

　　后来，杰克·韦尔奇迷上了篮球运动，但是成年后的杰克·韦尔奇也只有1.7米，更何况是小学的时候，他简直就是同学们眼中的"小豆丁"。

一天，杰克·韦尔奇垂头丧气地回到家中，妈妈关切地问道："平时你回家总是满头大汗，今天怎么回家这么早，没和小朋友们一起打球吗？"

杰克·韦尔奇有些沮丧地说："妈妈，我是不是不适合和其他小朋友一起参加运动？你知道吗，我其实最喜欢的运动是打篮球，尤其是站在篮筐外投篮的那种感觉太酷了。可是我感觉自己太矮了，如果我报名参加学校的篮球队，你说同学们会不会笑话我？我现在有点矛盾，不知道怎么办才好？"

妈妈摸了摸杰克·韦尔奇的头说："你只要想做，就应该努力去尝试，否则你怎么知道自己不行呢？你一定可以成功的。"

就这样，杰克·韦尔奇报名参加了校篮球队。远远地望过去，杰克·韦尔奇和队友们站在一起时，个头只有大家平均身高的四分之三。为了鼓励杰克·韦尔奇，妈妈只要知道学校有篮球比赛，就会第一个到场，还会为了鼓励儿子精心准备灯牌和哨子，做儿子最忠实的粉丝。妈妈还会主动给相关报刊打电话，要求报道关于杰克·韦尔奇参加比赛的情况，并且是表现优异的简讯。

妈妈的鼓励和支持，成就了杰克·韦尔奇的自信和坚持，逐渐使他养成了凡事都尽力去做，以一个成功者的心态来思考一切、面对一切的态度。

杰克·韦尔奇的妈妈经常挂在嘴边的一句话就是："我的儿子杰克·韦尔奇是最棒的，他始终是我的骄傲。"而杰克·韦尔奇也经常在媒体面前说："我之所以能够获得现在的一切，得益于我的家庭，尤其是我的母亲。"

实际上,妈妈或者爸爸或许都有过自卑、不认真、撒谎、打架骂人等经历,而当孩子再次经历这些时,爸爸和妈妈应该采取正面教育:"我们相信你下次可以考得更棒,咱们一起努力!""我们相信你不是故意的,也相信你以后一定会改正自己的错误。""我们相信你不会再犯同样的错误,也知道你是最棒的。""你是个勇敢的、值得信赖的孩子。"……

当妈妈给予孩子充分的信任和支持,孩子也会更愿意接受妈妈的教育方式。当妈妈转变了教育方式,孩子在做事的时候也就有了自信,有了更大的勇气去迎接挑战。同时,妈妈找出孩子身上的闪光点,能够强化孩子的自信心,让他们体会到自信的乐趣。

这种信心的叠加,最终会内化为孩子的内驱力,成为孩子努力拼搏的不竭动力。

4.4 不要总是拿别人的眼光衡量孩子

可能很多人小时候,听妈妈说的最多的就是:"你看看谁谁谁,人家是怎么学习的,怎么这么优秀。"过年走访亲戚,询问考试成绩似乎又成了衡量孩子好坏的唯一标准。好不容易长大了,妈妈又开始比较谁家的孩子考的大学好,选的专业好。就业了,妈妈们又对比起各自孩子的工作、工资,甚至女朋友的长相、家世。比较的过程中,优秀孩子的妈妈会自带光环,说话都有了底气,仿佛高人一等一般;而孩子不出色的妈妈,则像泄了气的皮球,总忍不住唠叨孩子。

其实,妈妈总拿别人家的孩子和自己的孩子对比是不对的。榜样的确有正面的激励作用,也可能会成为孩子的模仿对象,有助于孩子学习成绩的提升和品德的塑造。但是,如果使用不当,会导致不良的后果。

> 丹丹是一家外企的高管,她和老公的工作都比较忙,因此工作日的时候便将孩子虎虎托付给公婆照看,周末才将孩子带回家。丹丹最近很焦虑,因为她发现虎虎很多方面都不如同龄的孩子。有朋友建议丹丹可以咨询一些教育专家,是不是教育方面或者孩子的智力有什么问题。

丹丹周末带着虎虎到了一家专业教育机构咨询。育儿专家先是拿出一些玩具让虎虎玩,接着又和虎虎进行了简短的沟通,随后还做了一些测试。专家随后拿着结果与丹丹交流:"您的孩子一切正常,智力评测也是达标的,所以您现在最大的困惑是什么呢?"

丹丹有些吃惊又有些不解:"那这是怎么回事呢?我同事的孩子都能独立地照着绘本画出小动物啊、花花草草啊,而且画得有模有样的,但是我家虎虎总是喜欢乱画。我们邻居家的孩子才四岁,都已经可以熟读唐诗三百首了,我们虎虎都八岁了却连拼音还认不全。我同事带孩子来家里玩,我经常对虎虎说'你看看小姐姐,唐诗三百首都已经倒背如流了。你看看你,赶紧跟着小姐姐学习学些……'虎虎听了不但不学,反而暴跳如雷,扔玩具、发脾气。哎!为什么听话优秀的孩子都是别人家的?我究竟应该怎么教育他呢?"

育儿专家摆了摆手说:"我能够理解您育儿的心情。其实,所有父母都有望子成龙的想法,这本无可厚非,从您的描述中也能够感受到您对孩子的深深的爱与关心。但是,总拿别人家的孩子与自己的孩子进行对比,看似是一种激励,实则是给孩子制定了一个标准,而且是在忽视孩子本身特质的基础上制定的。一旦孩子达不到标准,他就会觉得自己不够优秀。你可能会说,你努力达到这个标准就好啊,但是如果孩子已经很努力了,却还是达不到这个标准呢?他就会认为,反正努力也达不到标准,索性放弃努力。你在对比的时候,是凸显了别人家孩子的优势,而自己的孩子显然在这方面没什么优势,这让孩子的自尊心受到了打击,感觉很不开心。你越是经常比较,他就越逆反,越不服气。再者,您可以反思一下自己为什么会喜欢比较?"

丹丹有些不解:"不是所有的父母都喜欢这么比较吗?这难道也错了?"专家解释道:"您可以回忆一下,您是不是小时候有过类似被家长比较而受挫的经历,或者您现在的生活是不是一旦遇到什么麻烦,就会表现出不自信?"

丹丹回答说:"其实我小的时候也讨厌父母说这样的话。至于您说得不自信,我工作上觉得没问题,毕竟我们是外企,我做到高管这个位置说明自己的能力还是可以的。但是,育儿方面我经常感到自己无能为力,觉得帮不上孩子的忙,不知道怎么教他,有些力不从心。"

专家又说:"从心理学上来看,人是经验性动物,无论是工作还是生活又或者是教育孩子,都会有主观经验在左右我们的想法。尤其是我们对孩子说话的方式、互动的方式,都会受到自己小时候成长经历或者家庭、环境的影响,再加上您本身比较优秀,因此您在教育孩子的时候会折射出自己内心的一些需求。从根源上看,当您选择拿孩子进行比较的时候,本身说明您在育儿方面不够自信,所以才会关注别人怎么教育,别人家的孩子已经学习到什么程度了。然后,通过对比获得'我家孩子也不差''我的教育也很成功'的结果,就会满足自己内心的需求,从而获得安全感。"

丹丹说:"那我应该怎么改变呢?"专家解释说:"其实很多时候,父母就是孩子最好的榜样。首先,您应该把自己的愿望和孩子分开,不要让孩子背负包袱。其次,您不要拿孩子去跟别的孩子比较,而是找具体的事情或者拿孩子的昨天和今天进行比较,看看孩子是不是有所进步。最重要的还是您作为妈妈应该多陪伴孩子,多细心观察孩子,多鼓励、多发现孩子的优点。"

丹丹不住地点头，微笑着一把将虎虎搂在了怀里："对不起虎虎，是妈妈错了，妈妈今天起开始改正。你是不是喜欢玩魔方，我刚才看你很快就拼好了，一会儿妈妈给你也买一个吧！"虎虎开心地笑了。

对不起虎虎，是妈妈错了，妈妈今天起开始改正……

每个孩子都是上天赐予父母最珍贵的礼物，是独一无二的。他们都有自己独特的性格特征和优势，而且成长轨迹也各有不同。人生是一场马拉松，起点低不代表注定会输，希望妈妈们都可以收起自己的不自信，用爱的火焰照亮孩子前行的路。

第五章

不再焦虑：
让孩子掌控心理平衡

5.1 "焦虑型妈妈"的三个特征

美国心理学实验室曾提出这样一种教育观念：在养育孩子的过程中，妈妈如果总是过度焦虑，那么孩子患有焦虑症的概率将高于正常孩子七倍。

作为妈妈，你是否遭遇过这样的场景：跟老公吵完架，你转头抱着孩子委屈地哭起来，然后告诉孩子："妈妈这辈子也就这样了，不离婚都是为了你，你一定要争气。"你凡事追求完美，教育孩子也不例外，特别渴望得到周围人的认可；工作、生活压力增大，你觉得怎么看孩子都不顺眼，对未来充满了担忧……

焦虑型妈妈的第一个特征：往往容易把问题放大，一旦遇到问题就会想到最坏的结果，甚至出现一丁点问题就会吓到自己。比如，孩子学走路摔倒了，焦虑型妈妈会担心孩子有没有磕破皮、会不会骨折；孩子一次考试考了 80 分，焦虑型妈妈就会担心孩子学习跟不上，甚至担心孩子考不上大学，将来找不到工作；孩子不爱吃饭，焦虑型妈妈会担心孩子是不是得了病毒性感冒，或者孩子是不是消化不良，或者是不是吃错了什么东西……

成为妈妈之后，伴随着产后恢复、哺乳，女人需要迅速完成角色的转换，学会照顾孩子的起居饮食，学会科学育儿，还要兼顾自己的事业和家人。妈妈难免会感觉压力倍增，产生焦虑情绪。

而在教育孩子的过程中，如果缺失了孩子爸爸的理解、支持和帮助，妈妈就需要独自承担教育及照顾孩子的责任。

焦虑型妈妈的第二个特征：一般都有完美主义情结，凡事都要最好的。孩子的奶粉要买最好的、纸尿裤买最贵的、衣服要纯棉的、辅食要有机的，入托上学都要是最好的学校。而一旦孩子的教育偏离了自己预定的轨道，妈妈就会觉得很焦虑，而且这种焦虑的情绪会像多米诺骨牌一样，一点小事就会引爆妈妈的情绪。比如孩子哭闹，是饿了需要吃奶、还是拉了需要换纸尿裤，又或者是肚子不舒服？这些看似简单的问题，在焦虑型妈妈看来都是极具"技术含量"的事情，反复尝试都无法让孩子平静下来的时候，妈妈就会陷入焦虑。

其实，完美主义本身并没有错。例如，工作上追求完美，会提高工作质量，减少失误和漏洞。但是，当妈妈把完美主义运用到养育孩子过程中的时候，无疑是给孩子套上了"紧箍咒"，给自己挖了一个"陷阱"。因为追求完美，妈妈会不接纳自己的不完美，不接纳孩子的不完美，从而束缚住孩子的思维和手脚。

  焦虑型妈妈的第三个特征：往往喜欢跟着"书籍"或者"专家"教育孩子，尤其是会被各种标题性文章所左右。焦虑型妈妈每当控制不住情绪，发火训斥完孩子，被各种育儿专家解读之后，又会感觉自己说的话、做的事有些过分，并满心愧疚。然后，妈妈会向孩子承认错误，承诺自己下次不会再发火。但是下次遇到同样的情况，焦虑型妈妈依旧会我行我素，并且逐渐形成一种恶性循环。

  实际上，根据马斯洛的心理需求理论来看，物质生活的富足，使得人们有更多的精力关注孩子的教育问题，妈妈会更多地思考如何教育孩子，如何满足孩子的精神和心理需求。于是，越来越多的育儿书籍、手机软件应运而生。只要有手机和电脑，妈妈们就忍不住点开各种切中育儿要害的标题性文章。然而，每个孩子都是独一无二的，其成长轨迹也各有不同，更不可能将孩子的成长快慢或者成功与否归咎于某一种教育方法。

  养育孩子不是一朝一夕完成的事情，是需要耗费一辈子的时间去完成的"升级任务"，更需要妈妈保持良好的心态。妈妈的焦虑会传递给孩子，因此只有妈妈轻松快乐，孩子才能感受到快乐并健康成长。

孩子看到妈妈的紧张表现后会有什么反应

几乎每年的九月份,幼儿园门口都要上映一部催泪的"生死离别"大片,孩子离开妈妈进入校园时哭得稀里哗啦,等孩子被老师带走了,妈妈们又忍不住透过大门缝隙偷偷瞄孩子的教室。看到这样的架势,与其说是孩子离不开妈妈,不如说是妈妈离不开孩子。也就是说,其实妈妈比孩子更焦虑。

人们常说女人生了宝宝之后,焦虑是一种常态。不知道大家有没有想过,孩子看到妈妈焦虑的状态后会有什么反应呢?

> 囡囡到闺蜜桃子的家里做客。桃子有个儿子叫明明,如今两岁了。囡囡一进门,就看见明明在家里跑来跑去、跳来跳去,根本停不下来。吃午饭的时候,囡囡本以为明明会安静下来,没想到却亲临了一场"大型灾难"。
>
> "囡囡你先吃,别客气,都是你爱吃的菜。我先喂明明吃饭,你自己随便点啊!"桃子说罢把明明按在了宝宝餐桌椅上,把饭拌好喂到明明嘴边。
>
> 明明摇了摇头,嘟起嘴巴说:"不要,不要,我不要吃。"桃子哄着明明说:"你看今天都是你喜欢的菜和肉哦,红红的、

绿绿的,还有炒鸡蛋、烧鸡、排骨。明明吃饭才会长高高哦,让囡囡阿姨看看明明大口吃饭的样子,好不好?"

明明很不情愿地张开嘴巴吃了一口。桃子又说:"你再吃一口,妈妈给你看动画片好不好?"

明明惊喜地说:"真的吗?妈妈。"于是明明又勉强吃了一大口饭。桃子边打开电视边说:"明明乖,明明你看孙悟空打妖怪这么厉害,你想不想像他一样厉害啊,想的话就得多多吃饭哦。"

明明又开始摇头,还开始闹脾气,要从餐桌椅上出来。无奈之下,桃子只能把明明抱出来。

等桃子折腾完明明吃饭,收拾好玩具,擦干净地板,餐桌上的饭菜都凉了。囡囡打趣道:"你累不累啊,真是二十四孝老妈了,我这星期恐怕脑袋里都会回响着你的这句话'再吃一口吧'。"

桃子和囡囡相视一笑。桃子叹了口气说:"你是不是也觉得我是个很失败的妈妈啊?连孩子吃饭的事情都搞不定。你都不知道,我因为类似吃饭这样的小事,跟孩子发多少次火了!可是孩子呢,无动于衷啊,既不吃软也不吃硬。我都想说,我家这孩子就是吃饭、睡觉困难户了。"

"以我的经验,你这样追着喂饭也没什么作用,你这是何苦呢?"囡囡心疼地看向桃子。

桃子无奈地说:"这孩子是个早产儿,可能因为一直吃母乳,加辅食的时候就特别不顺利。他只爱吃西红柿面,别的都不怎么吃。脾胃也不太好,他一直瘦瘦的,吃不好,长不高,影响大脑发育怎么办?我不管可不行。"

"那你注意孩子的表情了吗?孩子一直不高兴、不情愿,甚至可以说是被迫吃饭，你这简直就是把人生最美好的吃饭场景，硬生生地变成了家暴现场。"囡囡说道。

桃子有些惊讶地说："有这么恐怖吗？小孩子哪里懂这么多？你别吓唬我了。"囡囡赶紧解释道："孩子吃多少，饿不饿，如果是由我们决定的，那么我们就是在跟孩子争夺关于吃饭的控制权。吃饭本应该是一件快乐的事情，也是出于身体需要的本能。你的担忧和催促，破坏了吃饭的乐趣，扰乱了孩子的节奏。"

桃子有些不解："那就放任孩子不吃不喝啊，那样对他的成长也不太好吧。"囡囡说："妈妈喂孩子吃饭本来应该是增进亲密关系的过程，结果你的担忧，你的催促让孩子感受到的是厌恶和拒绝，甚至是冷漠和孤独，那你喂饭的行为将毫无意义。他不吃饭你就生气，他喜欢吃什么、饿不饿、吃多少都不能自己做主，这种被强迫的感觉会让孩子很不舒服，也让他很不自信。"

桃子思考了一会儿说："你的意思是我过于焦虑，打乱了孩子的成长节奏。他的饮食方式不好，反倒是因为我的喂养方式不对导致的？"囡囡点了点头。

桃子又追问道："对了，现在孩子上厕所也是个大问题。我们小区很多和他一样大的孩子，都会自己小便了。"

囡囡笑着说："我当时可没训练过孩子如厕。我是等孩子给我讯号，孩子自己准备好了，我才会出手帮助他们。"

"什么讯号才能显示他们准备好了呢？"桃子好奇地问。"比如，孩子想大便的时候，会憋得脸通红，想小便的时候会总是用手指屁股。这时候我们再去问，再去引导他脱裤子找马桶。或者孩子尿了、拉到裤子里了，觉得很不舒服，他会感受得到，会主动找妈妈来更换。这时候我们再去教导他下次应该早一点儿蹲下或者找马桶、早点告诉妈妈之类的。"因因解释道。

"那你不会着急吗？看到孩子三岁了还穿着纸尿裤到处跑，或者孩子五六岁了还尿床，你都不会焦虑吗？"桃子问道。

"其实，作为新手妈妈来说，焦虑是肯定会有的。我们希望孩子优秀，希望自己成为优秀的妈妈，不想周围的人对我们失望。可是，我们不能只从自己的角度出发，而忽略了孩子的意愿、忽视了孩子的成长规律。我们希望孩子可爱、学习好、情商高，更希望像工厂的生产线一样培养出优质的孩子，于是对孩子一次又一次地催促和强迫。可是，这样做不行，孩子感受不到爱，感受到的只是焦虑和不满。养育不是生产，不是揠苗助长，更不会一蹴而就，需要一步一步地遵循每个孩子独有的成长规律用心浇灌。"说完二人都陷入了沉思。

妈妈的焦虑，不仅会传染给孩子，还会让孩子变得脆弱、敏感、多疑，甚至没有安全感。如果你真的爱孩子，请放下你的焦虑，调整好自己的情绪，不要把自己的愿望和无尽的爱强加给孩子，给孩子带来沉重的心理负担。

妈妈的每一份不安都会给孩子造成一次创伤

相信每个妈妈都很熟悉下面的场景:"这孩子老爱看电视,不知道会不会过早患上近视,戴上眼镜啊?""我女儿一点儿也不像别的孩子那样活泼,就喜欢待在家里,有时候真怕他是自闭症。""我儿子跟猴子一样,根本安静不下来,真担心他上学以后怎么办。""我孩子都三岁了,还不会背诗歌,别的孩子都会简单的英文和写字了,这可如何是好啊!长大了不知道有没有前途?"……

焦虑让妈妈们变得很爱"着急",她们觉得24小时看管着孩子都不够用,总是不停地催促孩子跟上自己的节奏。焦虑类型的妈妈会给孩子带来焦虑,更会增添她们的不安和恐惧。

1. 焦虑洁癖型妈妈,犹如24小时"贴身照顾狂魔"

无论孩子长到多大,在她们的眼里始终是个孩子,总希望把全世界最好的事物都给到孩子。她们总觉得自己不是个完美的妈妈,总觉得自己不够好。

与焦虑洁癖型妈妈在一起的时间越久,孩子越会被妈妈的担心和焦虑所感染。从表面上看,孩子只是做事越来越磨蹭,实际上这种焦虑已经在孩子心中埋下祸根，使他们不愿意面对父母的催促、批评和指责，甚至会怀恨在心，刻意疏远妈妈。

因此，焦虑洁癖型妈妈24小时紧盯孩子的结果就是：要么养出一个黏人又没有主见的"巨婴"，要么就是养出一个与自己对着干的"叛逆者"。妈妈过度关注孩子，孩子便会产生一种错觉，感觉整个世界都为自己服务。等孩子长大成年，并已经形成这种惯性思维后，才发现世界并非他想象中的那样，这时孩子的内心就会受到打击，并产生强烈的落差，他们会开始怀疑自己的能力，丧失自信。无论是"巨婴"还是"叛逆者"，对孩子的身心健康都是不利的。

2.焦虑完美型妈妈，着重观察孩子的缺点和不足

法国心理学家伊莎贝拉·费利奥沙曾说过："不要希望成为'完美'的父母，因为一旦情况偏离了完美，父母就会陷入自我怀疑、恼火、负疚等情绪，这样会使情况变得更糟。"

妈妈作为家庭教育的主要参与者，随着时代的进步往往会阅读和学习大量教育理论，生怕自己做得不够好毁掉孩子的一生。她们通过学习各种理论，了解孩子达到一定年龄时应该掌握的技能，并给孩子设置各种目标。

而焦虑完美型妈妈大多喜欢滔滔不绝地指责。这种指责是建立在世俗基础上的，比如"你不够听话"，"你学习成绩不够优异"，"你太内向，不善于与人沟通"……甚至很多焦虑完美型妈妈是拿着高倍放大镜在找寻孩子身上的缺点。

而孩子在妈妈力求完美的指责声中，不断强化一种观念：我不够优秀，我不行。妈妈有多焦虑，孩子就有多焦虑。妈妈无法调节好自己的情绪，过度关注孩子的缺点，过分追求完美，又格

外在意他人对自己和孩子的看法,很容易情绪激动甚至崩溃。孩子在这样的环境下成长,身心必将会出现问题。

3.焦虑迫切型妈妈,逼迫着孩子"成龙""成凤"

为了不让孩子输在起跑线上,很多妈妈从怀孕就开始做各种胎教,听古典音乐、给肚子里的宝贝讲故事。孩子出生后,妈妈便开始培养孩子的各种技能,如吟诗作对、跳舞弹琴,总希望孩子十八般武艺样样精通。实际上,孩子们可能对这些兴趣班并不感兴趣,最后的效果可想而知。

让孩子提前学习一些新技能本无错,错的是逼迫孩子学习。兴趣才是最好的老师,没有兴趣的学习就好比揠苗助长。把自己的希望强加在孩子身上,不仅不能让孩子变得更出色,反而会让

拒绝焦虑洁癖
拒绝焦虑完美
拒绝焦虑迫切

孩子产生逆反心理，彻底失去学习的欲望。

一位心理学专家曾提出，妈妈如果过于焦虑，一定会对孩子提出更为严格的要求，甚至很难表扬孩子或者与孩子意见一致。而在这样的环境中成长的孩子，往往比较敏感、脆弱，不愿意参与新的挑战，在群体性活动中往往表现比较弱势。

妈妈的忧虑，在孩子看来也是对自己不信任的表现，于是孩子更多地会采取回避和退缩的态度行事。

人生路漫漫，即使孩子不是领跑的那一个，也不必过于焦虑。放下执念，不给孩子和自己过多压力，顺应孩子的成长规律，懂得"存在即合理"的道理，相信孩子可以在适当的时刻绽放出自己独有的色彩！

5.4 放平心态，遇事不钻牛角尖

某个短视频平台曾经发布过一条视频：一个四五岁的小女孩，背着手流利地背诵着乘法口诀，背诵到"三五"的时候孩子突然停住了。女孩反复回想了好一会儿，妈妈在一旁不停地旁敲侧击："你都背了好几遍了，怎么每次都是这里不会啊！今天背不过'三五多少'你就不许看动画片啊。"女孩急得直跺脚，还哭了起来，奶声奶气地说："妈妈，我太难了，我背不过怎么办？我怎么每次到'三五'就背不过？妈妈，我肯定是背不过了。"

从视频中不难看出，小女孩为了配合妈妈完成背诵乘法口诀的决绝，也看得出妈妈对孩子的期望值和严格性。而高标准严要求背后的原因，一定是妈妈本身育儿的不安全感和焦虑感所导致的。比如，3岁的孩子不爱吃饭，妈妈就会变着花样做菜，并购买各种好看好玩的餐具，甚至不惜寻医问药给孩子开胃；6岁的孩子见到陌生人不打招呼也不善于表现自己，妈妈就会给孩子灌输人生理想和各种心灵鸡汤；9岁的孩子不爱看课外读物，喜欢玩手机、打游戏、看电视，妈妈便会关掉网络、给电视贴上封条、严格限制孩子玩手机，生怕孩子不思进取；22岁孩子刚大学毕业，妈妈又担心孩子找不到工作、找不到对象，于是到处寻找工作机会，甚至私底下联系七大姑八大姨帮忙寻觅佳偶；30岁了，孩子还没有孕育下一代的打算,于是妈妈开始怀疑儿子和儿媳身体有问题,又开启了老中医模式……

实际上,这些都是焦虑型妈妈的日常坑娃表现,而孩子的童年必然是不快乐的。因为妈妈的期望不一定是他们力所能及的,他们只是在完成妈妈的指令,只知道妈妈说的话应该服从。

> 墨墨最近三天的朋友圈都是在晒儿子最近几年积累的学习资料和做过的试卷,每张纸似乎都记录了孩子学习的辛苦和努力。墨墨还配文称:"儿子心里有底,老妈也心情大好,全力支持!!!"墨墨教育孩子的快乐感与轻松感展露无遗!然而,一年前的她却不是这样,那个时候的她只要一提起孩子就满脸忧愁。
>
> 一年前,墨墨和闺蜜双双一起逛街时还忍不住吐槽:"一想到这孩子我就气不打一处来,他如今都初二了,明年就要参加中考了,一点儿计划都没有,还需要我盯着管着,连个大孩子的模样也没有!这要是考不上一中(全市最好的高中),这辈子不就完了吗?我真是替他着急!"
>
> 到了饭点,墨墨还是不放心孩子一个人在家,索性提议回家一起做饭吃。双双说:"好啊,正好我也好久没见你儿子了,一起尝尝你的手艺吧。"
>
> 一进门,墨墨就探着头往儿子屋里看,接着忍不住吼了起来:"你看看你,看个书怎么还躺在床上呢?能有效果吗?每次只要你单独写作业,就是这样偷奸耍滑,根本不把我的话放进心里。你知不知道马上升初三了啊?知不知道明年这个时候你就要参加中考了啊?你能不能把学习放在最重要的

位置呢?"

闺蜜双双赶紧拉住了墨墨的胳膊,开玩笑地说:"大姐啊,你这是不是更年期提前了,怎么平日里温柔稳重的你变成催命鬼了?一进门就数落孩子,平时是不是也都是你一个人这么叨叨,孩子和老公听不上几句话就不理你了?哈哈。"

墨墨回过神来说:"真的,你别说,我还真是变了!我以前哪会这样神经质啊,还不是他们父子俩逼的。而且你看,我不叨叨能行吗?他们根本就不上心,本来学习和工作都是他们自己的事情,结果害得我比他们谁都紧张。孩子的爸爸是个佛系老爸,什么也不管。家里大大小小、里里外外的事情都得我操心,你说说我怎么这么倒霉?我可真是操劳命啊!"

双双认真地上下打量了一下墨墨,说道:"姐,你真的应该淡定一点。尽管你想在孩子面前掩饰自己的情绪,但是你的焦虑已经暴露无遗了。你的儿子那么爱你、尊重你、依赖你,他会感受不到你的情绪吗?于是,他为了让你满意,逼着自己变成你期望的样子。然而,学习可不是一天两天的事情,你这样焦虑能否起到激励效果尚不清楚,但是肯定会让孩子的心理变得很脆弱。"

墨墨叹息了一声说道:"我也懂你说的这些,咱们大学也都学过教育心理学,可是实际操作起来,我真的发现'臣妾做不到'啊!你说这中考竞争多激烈啊,上不了好的高中,以后怎么参加高考啊?一想到这些,我的神经就自动进入紧绷的状态,现在每天都失眠,白天工作起来也没精神。"

双双拍了拍墨墨的肩膀说:"姐,你可以试试,哪怕就尝试一次呢!别这么钻牛角尖,也别想这么多。你多关注一下自己,瞧你紧锁的眉头,不自觉地唉声叹气,你现在的状态就活脱脱是个怨妇。你看不惯他们的做法,就深呼吸十秒,然后再说话。"

墨墨点了点头,将双双的话放在了心上。后来,墨墨的朋友圈里不再是千篇一律的孩子学习日常,她晒出了和朋友聚餐、学习瑜伽、学习插花、学习西点、看书、健身等日常,自信又充满笑容的墨墨又回来了。

墨墨的儿子也有了变化。他虽然看似不慌不忙,其实是"战术上紧盯",在初三的三次模拟考中取得了很大的进步。

中考结束后,墨墨就带着儿子到三亚度假。母子二人一身轻松,在各自的年纪拥有着美好的人生。

焦虑有时候更像是一种循环。妈妈的过度焦虑,势必让孩子感到不安。孩子不知所措,又会在成长的过程中滋生各种迷茫、逆反、不满、委屈的情绪。这些情绪像是"紧箍咒"一样,孩子越想挣脱,却束缚得越紧。

妈妈应该是孩子成长的陪伴者,而不应该是主导者,不要拿自己的孩子与别的孩子进行对比,更不要忽视孩子的闪光点。

妈妈一旦放下偏执,不再过度关注孩子,不再过度要求自己,也就不会再陷入和传递焦虑。与其杞人忧天,不如放开孩子的手脚,给予孩子更多的信任和空间。

第六章

丢掉放任：

让孩子在规矩中受益一生

6.1 "放任型妈妈"的三个特征

对孩子最好的疼爱是手放开,这大概是很多年轻父母听了一些教育理论后得出的结论。因此,很多妈妈不喜欢强迫孩子,还总是满足孩子的各种过分要求。实际上,专家们所说的对孩子放手去爱,并不是无底线地满足孩子的要求,也不是对孩子的不良行为放任不管,而是要选择适度的"放任"。

现实生活中"放任型妈妈"一般会有以下表现。

"好了好了,宝贝不哭不闹了啊,妈妈这就给你买变形金刚。"

"随他去吧,估计长大就懂事了。"

"妈妈最近太忙了,没有陪你。你说想要什么奖励吧,妈妈都会满足你。"

"妈妈该做的都做了,该花的钱也都给你花了,你要是实在觉得上这个课没意思,就算了,就当这钱做慈善了。"

"都这么晚了还写作业呢?少做一道题没事的,妈妈跟老师解释,你赶快去睡觉吧。"

……

放任型妈妈的第一个特征:觉得自己与孩子是平等的关系,总希望自己和孩子做朋友,似乎能够理解和包容孩子的所有情绪和行为。即使孩子出现负面情绪和不良行为,妈妈也会觉得是孩子年龄小所致，大一点儿自然会变好，她们舍不得批评孩子，更舍不得孩子流眼泪，舍不得让孩子吃一点儿苦头。这样的妈妈在看到孩子出现不良行为时，只会发出一声叹息或者无奈地摇摇头，并不会真正地纠正或者干预。

正所谓"无规矩不成方圆"，孩子的成长同样离不开规矩。这种规矩和约束不是束缚孩子的手脚和思想，而是给孩子一个明确的方向，告诉他什么样的做法是正确的，什么样的做法是错误的。而妈妈一味地放任，会让孩子误以为妈妈不爱我，不愿意管我。而且孩子的思维方式和行为方式尚未成熟，很多事情无法准确做出判断，如果妈妈一味放任，孩子很可能随波逐流，最终误入歧途。例如，孩子做错事后，妈妈视而不见，就会导致孩子越来越不按常理行事，不懂得尊重别人，自我控制能力较差，甚至走上歧途。

放任型妈妈的第二个特征：一般会认为孩子的成长有自己的

规律，家长无须插手。她们在很多需要父母参与的事情上缺乏耐心和陪伴，甚至有时候会觉得烦躁，索性任凭孩子自己做主，采取撒手不管的态度和做法。

单亲妈妈出现这种放任孩子的情况比较多，她们拼命地工作赚钱，竭尽全力想要给孩子创造更优越的生活环境，孩子只能丢给老人或者保姆照顾。在工作压力和情感缺失的双重打压，妈妈难免觉得时间和精力都不够，对孩子的教育会感觉有些力不从心。

还有的妈妈以为孩子说谎、打人、骂人、乱写乱画等不良行为，是因为孩子年纪小，等孩子长大一些，自然会明白这些行为是不对的，必然会自动纠正。实则不然，这些行为就是孩子缺乏规矩、过于张扬个性、缺乏教养的表现。表面上看，妈妈容忍度极高，对孩子的种种不良行为都能够理解和包容，其实不肯指出孩子的错误就是不负责的表现。

放任型妈妈的第三个特征：喜欢用物质满足孩子，尤其擅长利用各种物质奖励诱导孩子取得进步，认为只要肯为孩子花钱，孩子就可以理解、认可父母，可以不断朝着人生目标快速前行。殊不知，物质上的满足和奖励，只会让孩子更加自私自利和蛮横不讲理。对于物质的欲望越大，就越容易让孩子以自我为中心，而且一旦欲望难以立刻实现，就会导致孩子怀恨在心。这样的孩子，长大后容易受到物质和金钱上的诱惑，自制力差，甚至不会顾及公共秩序、传统道德、法律法规的约束，最终毁掉自己的一生。

人本主义心理学先驱，个体心理学的创始人阿尔弗雷德·阿德勒在《自卑与超越》一书中曾强调，"身体缺陷、被溺爱、被忽视"对儿童人格最直接的影响，就是会使儿童形成错误的人生观。

有些妈妈之所以做不好家庭教育，不外乎把握不好"分寸"——管得太宽不好，放任不管也不行。所以，如何做到有规矩地放养孩子，才是每一位妈妈应该思考的问题。

6.2 爱不等于无底线放任

植物的生长离不开水、阳光、空气和肥料的滋养,但并不是只要浇水、施肥就可以长成参天大树,必须及时修剪多余的枝杈,才能保证树苗茁壮成长。

教育孩子也是同样的道理。孩子的成长离不开吃饭、喝水,但是只给孩子食物,就能让孩子成功成才吗?

很多妈妈以为孩子的成长就像树苗一样,树大自然直,应该尽量给孩子一个无忧无虑的童年。因此,很多妈妈认为,爱孩子就应该放任孩子,等孩子的年龄大了,自然就会懂事。实际上,这样的教育方式是不负责任的,是在害孩子。

安安是家里的独生女,她如今非常后悔自己当初不够努力,也经常抱怨父母当初对自己不管不问,过于溺爱。

虽然安安的父母只是普通的工薪阶层,但是安安没有吃过任何苦。妈妈竭尽全力给安安创造舒适快乐的生活环境,安安想要什么,妈妈总是想尽一切办法满足她。妈妈经常说:"安安开心就好,妈妈对安安没有别的要求。"在妈妈的娇惯下,安安养成了刁蛮任性的性格。亲戚朋友曾劝安安的妈妈不要过于娇惯孩子,可安安的妈妈却解释说:"孩子嘛,何必那么斤斤计较呢？童年只有一次，我就希望安安健康快乐，无忧无虑地长大。"

安安上了中学之后，每次考完试，家长们都会一起讨论孩子的学习成绩，而安安的妈妈却没有这样做。

安安对妈妈说："初中的知识比小学难多了，而且要学习的科目也多了。我真的觉得学习好难啊，我根本跟不上老师的讲课进度，上课还得记笔记、回答问题。课后作业留得也太多了，我觉得写到十点也做不完。妈妈，我可不可以不学啊？"

妈妈摸着安安的头说："学不会就算了，作业做不完就算了，学习也不是人生的唯一出路。安安，你也别有压力，开心就行。"

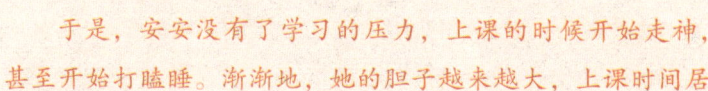

学不会就算了……学习也不是人生的唯一出路。安安，你也别有压力，开心就行。

初中的知识比小学难多了……妈妈，我可不可以不学啊？

于是，安安没有了学习的压力，上课的时候开始走神，甚至开始打瞌睡。渐渐地，她的胆子越来越大，上课时间居然开始和同学偷偷传纸条，甚至还和同学在教室里打了起来。

安安的妈妈被叫到了校长办公室。校长和班主任恨铁不成钢地说："安安妈妈，安安可得好好管管了，如果任其自由发展，将来不定出什么大乱子呢！"安安的妈妈赶紧点头。

虽然安安的妈妈在办公室内向对方家长和校长都表示了歉意，但走出办公室就赶紧安慰安安："没事的啊，同学之间小打小闹是正常现象，你也别生气，妈妈刚才也是权宜之计。"

随着安安的考试成绩越来越差，纪律性越来越懒散，老师担心她会影响到周围的同学，便把她的座位从第二排调到了倒数第一排。安安正式开始了"混日子"的生活。

初中三年很快过去了，安安的中考果然名落孙山。全家人都催促着安安准备复读，妈妈也只好征求安安的意见："安安你想不想再复读一年啊？"安安嘟着嘴说："我才不要复读呢，初三好不容易才熬过来，我才不要再受这样的苦呢！要读你们去读吧，再读我也考不上高中，有这时间还不如让我好好放松放松呢。"

确定安安不愿意复读后，妈妈也只能顺着她的意思。就这样，当其他同学都开始准备迎接高中的美好生活的时候，安安却闲散在家，每天不是睡觉，就是看电视，无聊的时候就出去找一些社会上的闲散人员到处瞎逛。

转眼间，安安已经18周岁了。有一天，安安的爸爸实在看不下去了，就冲安安嚷嚷了几句："安安，你再这样下去可就废了啊！你好歹也要上个中专或者找个什么技术学校啊，要不长大以后怎么生活啊？"

安安没好气地回了一句："好，好，我去找工作。"爸爸生气地对妈妈说："你看看，这就是你放任出来的孩子，成什么样子了？"

妈妈则继续护着安安说："哎哟，你真是瞎操心！孩子大了，有自己的打算，你别老打击安安好不好？对了，安安，你表姐的制衣厂最近正在招聘，这种工作也算是一门技术活，你去试试吧！"

就这样，安安踏上了职场打工人之路，成了一名制衣厂的缝纫工。然而，这份工作并没有想象中的那么简单和轻松，每天早晨八点就要上班，晚上八九点才能下班，赶上旺季的时候，还得加班到后半夜。

制衣厂不仅工作强度大，对于工作质量和技术也有要求。安安经常因为质量不合格被扣工资，手指也经常由于技术操作不到位被机器的大针扎破，疼得她只想哭。就这样干了三个月，安安受不了了："妈，我辞职了啊，这工作简直不是人干的，太没人性了。"

随后安安又应聘了服务员、文员、保洁员，但是都坚持不了半年就离职了。直到25岁结婚，安安也没有找到一份固定的工作。

安安当了妈妈之后，明白了在孩子教育方面"爱不能放任"的道理。她有时忍不住想，如果当初自己的妈妈不那么溺爱和放任自己，自己或许会过上更好的生活。但是，世界上没有"后悔药"，安安现在能做的就是不让自己成为放任型妈妈，给自己的孩子理性的爱，让自己的孩子过有规矩的生活。

放任可能影响孩子的智力发育。美国心理学家本杰明·布卢姆认为，人的智力发育完善一般是在孩子三年级的时候。因此，如果妈妈对孩子小学的学习不加管束和引导，那么孩子的智力发展和潜力的发展，以及学习习惯的养成都会滞后。

另外，由于孩子的思维和意识发展都还未成熟，如果让孩子以为只要自己开心，想干什么都可以，孩子会变得任性妄为。而且，妈妈过于放任会导致孩子容易上当或者行为不良，容易被外界诱惑。尤其是孩子到了青春期，会产生很多困惑，如果父母不闻不问，会让孩子借由猎奇心理误入歧途，甚至可能因为缺乏辨别是非的能力，而走向犯罪的道路。

孩子小的时候，尤其是做错事情的时候，妈妈绝对不能放任不管或者视而不见，而应该及时纠正。千万不要因为孩子年龄小而放任不管，想等孩子长大了再进行管束，这样往往会错过矫正孩子不良行为的最佳时机。因此，爱孩子不等于放任孩子，妈妈们要学会适当放手去爱，让孩子有底线地成长、学习、生活。

过于物质会让孩子失去追寻幸福的能力

妈妈给予孩子过多的金钱和物质奖励，真的是表达爱的正确方式吗？其实不然，给予孩子物质和金钱表达爱的方式，并不能取代陪伴和沟通的作用，反而会让孩子树立不正确的价值观，从小便以为钱能解决一切问题。同时，过多的物质也会让孩子变得贪图享受，失去自我创造幸福和追求幸福的动力和能力。

一个夏日的午后，30岁的贝贝在妈妈的陪同下来到了心理咨询室。妈妈率先走进了咨询室，有点不好意思地问医生："您可以把温度调低一些吗？我家孩子不喜欢闷热的空间，会觉得很不舒服。这孩子啊，从小就懂得享受，也是我给惯坏了。"

医生有些疑惑，又仔细看了看病历登记卡，患者确实登记的是30岁，不由得说道："他已经30岁了，一会儿进来咨询，他要是感觉不舒服应该会自己跟我说。这个年纪的成年人，冷暖自知，我觉得他可以自己决定。等他进来再说吧，好吗？咱们先来聊聊您这次来的目的吧。"

妈妈叹了口气说道:"我和孩子他爸都是医生,平时工作非常忙,我们要孩子也比较晚,30岁才有了这个宝贝儿子。我觉得这孩子哪里都好,就是花钱太没节制。上个月不知道因为什么原因借了朋友五万块钱,自己实在还不上了,我们赶紧给他补上了。这个月还没过完,听说又找朋友借了三万块钱。这孩子有什么事情也不主动跟我们说,每次都是逼迫着才说,我这个当妈的真是担心他因为搞不到钱,一时想不开可怎么办?"

还没等医生开口,等不及的贝贝已经夺门而入,滔滔不绝地说道:"外面热死了,我直接问医生吧。您说我是不是心理有什么问题啊?或者说,我是不是过于爱慕虚荣?反正我以前总觉得钱就是用来花的,而且花不完。可是等我自己工作了,我发现这钱根本不够花。我得请客应酬朋友,还得交女朋友,给她买化妆品,带她吃高档餐厅,还给她买了一辆车。即使老爸老妈已经把自己的退休金给我了，也不够我日常花销。我实在没钱的时候就使用信用卡，结果因为透支严重被停用了。我总不能在朋友和女朋友面前露怯吧，于是我只能瞒着妈妈借了朋友的钱用来周转。我也知道父母是工薪阶层，所以我也不愿意总花他们的钱，可是我就是感觉管不住自己花钱大手大脚的毛病。我也怕自己的谎言有一天被朋友们发现，所以整天惶惶不可终日。哎！您说我这是怎么了？问题到底出在哪里呢？"

医生询问道："通过二位的描述，我心里已经有了大概的判断，现在需要问妈妈几个问题，来印证我的答案。这位妈妈，请问您在孩子的教育方面管得多吗？平时都是怎么陪孩子或者教育孩子的呢？"

妈妈引以为傲地说："我们就这一个宝贝儿子，而且当爸妈比较晚，我真的恨不得把全世界最好的东西都给他。我们这辈人是受过苦的，我心想怎么都不能委屈了孩子。所以，就算他要天上的月亮，我也会尽力去尝试。再加上我们工作比较忙，有时候感觉缺少了陪伴，因此面对孩子时总是满心愧疚，就觉得应该从物质上给他最大的满足。每次只要带着他出门，我们从来没有空手而归过，只要他喜欢的玩具、衣服、文具……想要什么我都会给他买。小时候他挺调皮的，学习成绩也是忽高忽低，我就经常鼓励他，如果能考一百分，就给他买最喜欢的全球限量版的变形金刚。"

医生意味深长地解释说："对，问题就是出在这里。不仅您有这样的想法，现在很多的80后、90后父母也有这样的想法，都认为从物质上尽量满足孩子，才是对孩子最好的爱。然而，你们有没有发现，现在的孩子出门看见什么都想买，可是买回家后玩一会儿就扔一边了。一旦不满足孩子的要求，孩子就会哭闹、发脾气。你们之所以会这么在乎满足孩子在物质上的需求，一方面是由于想要弥补自己成长缺失的情结，比如自己小时候可能家庭条件不允许，因此觉得自己小时候很可怜，现在家庭经济条件优越了，不能再让自己的孩子重蹈覆辙。另一方面，这种行为也体现了妈妈对孩子的溺爱。可能我这么说会让妈妈有些难过，但是过度的物质满足对孩子是一种不健康的爱。妈妈教育孩子的时候总喜欢拿物质或者金钱奖励孩子，那么孩子对物质和金钱的敏感度和兴趣就会降低，你需要不断提高物质和金钱的奖励才能刺激他的快感。所以，孩子长大以后对物质和金钱已经麻木了，花钱大手大脚自然不奇怪，甚至也会觉得找工作时赚不赚钱，赚多少钱无所谓，因为有妈妈作为金钱的后盾。而一旦父母不能再满足他的物质要求，他会感觉自己很失败很无助，会自寻求危险的方法来满足自我的物质需求。"

　　妈妈听完陷入了沉思。

　　给孩子最好的爱不是物质上的最大化满足，更应该是精神上的理解、陪伴和关爱，妈妈要激发孩子探索世界的热情，让孩子树立正确的价值观。

6.4 与其放任,不如做个有"温度"的妈妈

很多妈妈不知道怎么表达对孩子的爱,以为给孩子最大的自由和成长空间就是爱,所以哪怕孩子提出超出自己能力范围的不合理要求,她们也会竭尽全力满足孩子。

在放任型妈妈的眼中,孩子就是整个家庭的"小皇帝",全家老小都得以孩子为生活的中心。然而,没有边界和底线的爱,对于孩子来说是一种伤害。虽然妈妈应该对孩子温柔以待,但是当孩子出现对诸如偷窃、撒谎、打架、骂人等不良行为,必须严厉制止。

晶晶的妈妈和倩倩的妈妈一起带着孩子逛超市。结完账后,晶晶的妈妈突然发现晶晶手里还拿着一根棒棒糖,赶忙轻声问道:"怎么回事?这是刚才你从超市偷偷拿出来的吗?"

晶晶害怕地点了点头。妈妈叹了口气说:"算了算了,一根棒棒糖才一块钱,拿出来就拿出来吧,也不值钱,下不为例啊,听见没!"

这时倩倩的妈妈也结完账准备回家了,突然发现倩倩手里还拿着一个泡泡糖,便疑惑地问道:"这是从超市拿出来

的吗?"

倩倩不好意思地点了点头说:"是,我怕妈妈说吃糖多了坏牙不给我买,所以我就偷偷拿了一个出来。妈妈,对不起,我错了。"

妈妈蹲下身子抚摸着倩倩的头说:"倩倩,这个泡泡糖从超市拿出来的时候是必须要付钱的,付了钱才可以带回家吃,不付钱就不能吃,必须还回去。"说完妈妈拉着倩倩走回超市,还叮嘱倩倩要向收银员阿姨道歉。

"阿姨,对不起,刚才我妈妈付账的时候我忘记把这个泡泡糖给她了,所以我回来补一下费用。"

两个孩子做出了类似的行为,妈妈们却选择了不同的做法。晶晶的妈妈看似温柔包容,实则溺爱纵容,只能助长孩子的任性和不良行为。而倩倩的妈妈看似严厉不近人情,实则给孩子的行为举止设定了规则和界限。

教育孩子该温柔的时候可以温柔以待,但该严厉的时候则应绝不姑息。

无规矩不成方圆。对于孩子的教育来说,妈妈适当地爱、适当地制定规则,非常有必要。从孩子的生理和心理上来说,大脑的四个区域(额叶、顶叶、枕叶和颞叶)中,只有颞叶的部分是天生的、是受遗传基因影响的,剩下的区域都受后天教育的影响。而妈妈对孩子的教育方式,很大程度上决定了孩子大脑的发育和潜质。

这就好比一个人走在雪地里,刚开始的时候会考虑选择走哪一条路,然后留下一串脚印;等到后面有第二个人、第三个人来

到同样的地方，他们可能会沿着脚印走下去，也可能会再走一条新路；当来来往往的人越来越多的时候，这些脚印便会汇成一条大路，人们也会慢慢习惯从这条路上穿行。

人的思维方式亦是如此。妈妈放任孩子，不给孩子制定任何规矩的话，孩子不知道底线和规则到底是什么，更不知道是否存在危险，他们会按照自己的想法做事，久而久之就会形成一种惯性思维。因此，当孩子犯错被妈妈批评的时候，孩子会感到委屈和不解，甚至变得叛逆，亲子关系也会遭到破坏。反之，如果妈妈提前为孩子制定规则，那么孩子会形成另一种思维方式，知道做事要三思而后行，做事要考虑后果，做错了事情的时候要承担责任。

总之，妈妈对孩子既温柔又有原则的教育方式是有很多好处的。

首先，妈妈的温柔似春雨，在教育孩子的时候可以起到润物细无声的作用。妈妈温柔和蔼，孩子也会真诚有爱，亲子关系会更加和谐稳定。比如，妈妈在家加班忙工作的时候，孩子一定要妈妈陪着折纸鹤。如果妈妈能够抽出一点时间满足孩子的心愿，而不是因为忙便对孩子表现出不耐烦，那么孩子就会感受到温暖，收获快乐和满足。

其次，妈妈给孩子设定规则，让孩子在界限范围内成长，才真正有利于孩子的发展。比如，妈妈规定不可以爬墙头玩耍，因为这样很危险。但是孩子觉得无所谓，一定要爬到高处去玩，否则就撒泼打滚、鼻涕一把泪一把地哀求。真正明智的妈妈，会让自己和孩子都冷静一下，把孩子放在角落待一会儿，等孩子不哭了再解释说明。而放任型妈妈会被孩子的无理取闹吓到，会暂时放下自己的规则，任由孩子爬高。这样一来，所谓的规则和界限就失去了意义，孩子也抓到了妈妈的软肋，以后会经常借助于哭闹来解决问题，不断挑战所谓的界限，直到妈妈妥协为止。

想要真正成为一个有"温度"的妈妈，可以尝试从以下三个方面进行努力。

第一，与孩子一起规划时间。比如，针对周末和假期，可以按照事件的紧急程度或者孩子的成长和学习规律进行安排。比如早晨六点起床，起床后运动半小时，然后开始早读英语和语文；中午一点午休，下午可以做暑假作业，晚上可以观看一小时动画片。

第二，规则要具备唯一性。不能妈妈制定一套规矩，爸爸再制定一套规则，爷爷奶奶又制定一套规章，这样的规则会让孩子迷失，反而不具备实际意义。而且，孩子会不断试探所有规则和底线，如果妈妈朝令夕改或者家庭规则太多，孩子很容易钻空子，最终使规则失效。

第三，边界的制定要理性而不失空间。考虑到孩子的潜力和创造力的培养，因此只要孩子的行为不会对社会和他人造成危害，妈妈应尽量给孩子空间和自由，不要完全束缚孩子的手脚。

教育孩子的方式关乎孩子的未来。愿所有的妈妈都能成为有"温度"的妈妈，所有的孩子都能快乐健康成长。

第七章

打败内疚：
让孩子学会轻装上阵

7.1 "内疚型妈妈"的三个特征

内疚式教育是指家长通过自我牺牲或者自我批判,甚至惩罚的方式教育孩子,目的是激发孩子的内疚感、负罪感,来迫使孩子妥协和服从,最终达到自己的目的。

现实生活中这样的教育方式并不少见,比如内疚型妈妈经常会有这样的口头禅。

"妈妈这么辛苦挣钱,还不都是为了你能过得舒服点儿?你怎么就不知道心疼、理解妈妈一点,怎么就不能好好学习呢?"

"妈妈和爸爸整天吵架,但是为什么不离婚呢?还不是为了能够给你一个完整的家庭?你怎么就不知道努力呢?"

"你看看妈妈省吃俭用,连一件像样的衣服都不舍得买,这么做还不是为了你?"

"都怪我起晚了,到了学校妈妈给老师好好解释一下。"

"对不起,妈妈刚才不应该那么说你,其实妈妈也不是故意的,就是火气一上来没忍住。"

……

内疚型妈妈的第一个特征:习惯于向孩子表达亏欠,希望可以得到孩子的理解和原谅,总是让孩子为了满足妈妈而被迫做一些自己不愿意做的事情。比如在职场工作的妈妈，每天忙完工作回到家，总感觉自己没有机会见证孩子的成长，不能像全职妈妈那样将全部时间用在孩子身上，总会担心孩子和自己疏远，或者担心自己的孩子落后于其他孩子。于是，她们心存内疚，无底线地满足孩子的要求，把这样的爱当作对孩子的一种补偿。有的全职妈妈也会觉得亏欠孩子，由于没有收入，她们不如职场妈妈自信，总担心不能给孩子最好的物质生活，还担心自己没有工作，将来会被孩子嫌弃。

从根源上来讲，内疚型妈妈之所以会过度内疚，是因为爱孩子，想给予孩子最好的，害怕自己不能给孩子创造一个美好的未来。然而，过分追求给孩子完美的爱是不健康的。这种爱不仅会让自己受到伤害，也不会让孩子感受到关爱。

内疚型妈妈的第二个特征：缺乏教育孩子的经验，情绪很不稳定，面对很多教育问题时会手足无措。

很多新手妈妈会有这种情况，她们没有养育孩子的经验，累的时候会有不满和抱怨，看到孩子委屈的时候也会心存愧疚。

起初孩子会因为妈妈的内疚而感到自责，会有所改变，但是随着妈妈自责的次数越来越多，孩子会深信妈妈就是错了，而自己并没有错。当孩子摆脱了这种自责，也随之挣脱了妈妈的束缚，孩子会感觉自己做任何事情都是对的，很有可能会失去底线。等孩子到了青春期，妈妈再用内疚的方式来教育孩子时，孩子就会感觉反感和厌恶，甚至会质问妈妈："你明知道这样做不好，你为什么还要这样做？"孩子会认为是妈妈"毁"了自己，进而导致亲子关系恶化。

你明知道这样做不好,你为什么还要这样做?

内疚型妈妈的第三个特征:自我价值感较低,不善于交流和分享,也不善于管理和调节自己的情绪,因此往往会积压大量的不良情绪。

妈妈这个身份只是女人众多身份中的一个,而不是唯一。成为妈妈之后,最重要的应该是做好自己,有自己的生活、空间和自我价值。而宣泄、交流和分享对于女人来说是必不可少的一部分,妈妈不能整天围着孩子转,要实现自我价值的提升,让自己的人生更加完美。当妈妈有了自己的交际圈,所谓的苦楚、委屈和抱怨也便有了倾诉对象,孩子就不会成为妈妈倾倒负面情绪的出口。

爱孩子,就应该让孩子感受到妈妈的爱,让孩子体会到自己不是妈妈的负担和包袱,而是妈妈成长和提升自己的不竭动力。不要让自己的内疚,把孩子变成"最糟糕的人"。

7.2 有效区分"健康内疚"和"病态内疚"

内疚,指的是一个人因为某个人或者某件事产生的愧疚和不安的情绪。内疚可以说是人类最常见的一种负面情绪,也可以说是女人成为妈妈之后内心深处的一种心理负担,一种过度的、病态的压力。然而,妈妈们的这种内疚情绪也可以是健康的。健康的内疚可以让妈妈及时发现自己的负面情绪,并找到方式疏解,调整自己的教育方式;反之,病态的内疚则会让妈妈受到内心的谴责,始终觉得自己不够完美,还会变本加厉地要求孩子,让孩子倍感压力。

方方是个"上得厅堂,下得厨房"的新时代女强人,对女儿媛媛的教育也做到了张弛有度。

有一天,方方刚下班就看到媛媛趴在地上,手里还拿着水彩在白纸上涂涂画画,马上提高了嗓门喊道:"你怎么回事啊,媛媛,放学不用写作业吗?怎么又在画画啊?妈妈不是说过,每天放学第一件事情就是写作业,等作业做完了才可以做自己喜欢的事情吗?你是不是又忘了?还有怎么画画不在桌子上啊,为什么趴到地上呢?"

媛媛揉了揉眼睛,委屈地哭了起来。

方方突然意识到自己有些不讲道理了，赶紧一把将媛媛搂到怀里，安慰道："妈妈是不是有点不讲理了，对不起呀，那你现在告诉妈妈这是怎么回事啊？"

媛媛抽泣着解释道："今天是母亲节，我早早就在学校做完了作业，回家打算给您画一幅油画像。但是，我担心自己画画会把桌子弄脏，所以就想着趴在地上画，这样的话如果颜料弄到地上，还可以擦掉。对不起，妈妈，我的惊喜没让您高兴，让您生气了。"

方方听完，有些不好意思地笑了，她抚摸着媛媛的头说："看来真是妈妈太着急了，错怪了我的宝贝。我不该什么都不问就这么吼你，你可以原谅妈妈吗？你不说妈妈忙得都忘了今天是母亲节了。来，让我看看你画得像不像我啊！这样吧，等你画完，妈妈请你吃好吃的怎么样？"

媛媛笑着点了点头，赶紧跑回屋里继续画画。

实际上，妈妈也是人，不是"神"，当然也会做错事。做错事后给孩子进行解释和道歉，这种内疚就是健康的。孩子既能感受妈妈进行情绪调节的过程，也能从中看到妈妈"有错就改"的解决问题的方式，甚至还能感受自己在妈妈心中的地位，因此这种内疚是有效的、向上的。

不过，妈妈在合理的情况下拒绝、批评孩子，是不需要过度内疚的。比如，孩子在阳台玩火，自己到河里学习游泳，自己在家玩剪刀、菜刀，类似这些有可能威胁到孩子的生命安全的事情，妈妈及时制止或者批评都是正确的做法。即使妈妈的嗓门有些大，或者态度有些急躁，也无需向孩子道歉或者自己内疚。

第七章 打败内疚：让孩子学会轻装上阵

奥地利精神分析学家、儿童精神分析研究的先驱梅兰妮·克莱因认为,健康的内疚是对爱与恨情感的整合,反之,过度的、病态的内疚,则会导致自我攻击,尤其会导致亲子关系的疏远和痛苦。

而想要有效区分病态内疚和健康内疚也是有方法可循的。妈妈们可以进行自我提问,看一下自己的回答是不是"必须,一定"。比如:"每天我除了工作,就是照顾孩子,我根本没有自己的时间和生活,这样做有必要吗?""无论如何我每周都必须带孩子去游乐场或者早教班、兴趣班,总之别的家长能给孩子的,我也要给,这样做有必要吗?""我觉得女孩子就应该多学一学舞蹈或者钢琴,无论家里是否具备这样的经济条件或者孩子是否喜欢,作为妈妈都应该或者说必须逼孩子一把。"

持续记录一段时间,你会发现其实很多回答不一定是"很必要",自己也不应该因为答案是否定的而感到内疚或者不称职。

当妈妈发现不应该过度给予孩子爱与关注,也不应该把内疚强加给孩子,转而开始关心自己的时候,才会做出正确的决定,让教育回归正常的轨道。

7.3 不要让妈妈的内疚延伸为孩子的负罪感

相信大家对于这样的生活情景一定不会陌生：周末，孩子在奋笔疾书写作业，妈妈则在一旁一边收拾家务一边陪孩子。尽管妈妈满脸汗水，表情甚至有些痛苦，孩子心疼地说："妈妈，你休息一会儿吧，让我来帮帮你。"大部分的妈妈却会义正词严地拒绝："你啊，只要专心做你的作业就好了，别的什么也不需要你管，妈妈为了你再怎么辛苦都是值得的。"

奥地利精神病医师、心理学家、精神分析学派创始人西格蒙德·弗洛伊德曾说，人的意识可以分为本我、自我和超我三个部分，本我指的是大自然的本能，超我则是自我内化理想中的自己，自我指的是二者冲突时的调节防御者。比如，孩子出现本我和超我压力过大导致焦虑和内疚情绪产生时，自我就会自动启动防御机制，逐渐变得退缩、否认、消极、敏感、紧张等，逐渐夺走孩子的自我和成长内驱力。因此，妈妈想要通过将自己的内疚感延伸为孩子努力的动力，一般很难达成，更大的可能性是延伸为孩子的负罪感，成为孩子成长的阻力。

小米今年六岁了，圆圆的小脸，大大的眼睛可爱极了。

不过,小米有个缺点——不喜欢说话,即使遇到解决不了的问题也不敢请求别人的帮助,为此妈妈很是着急。

有一次,课外活动结束后老师给小朋友们都倒好了水,但是小米一不小心把水杯里的水都洒了。老师忙着照顾其他的小朋友喝水并没有注意到小米。小米只能眼巴巴地看着其他的小朋友咕咚咕咚地喝水,自己则在一旁不停地舔着嘴唇,还忍不住有些委屈地哭了起来。这时老师才注意到小米,赶紧跑过来抱起小米询问:"小米,你怎么了?怎么没喝水?衣服怎么都湿了呢?"

小米扭捏了半天,轻声说:"我不小心把水都洒了。"老师笑着说:"那你应该及时告诉老师啊,这样什么也不说可不好哦!"小米低下了头,紧紧咬住嘴唇,眼泪又流了出来。

还有一次,小米一个人坐在楼梯边的拐角处发呆,邻居王奶奶觉得奇怪就赶忙询问:"小米啊,你妈妈不是早就下班了吗?你怎么还不回家啊?自己一个人在这儿干什么呀?"

小米啊,你妈妈不是早就下班了吗?
你怎么还不回家啊……

小米"哇"地一声哭了出来:"奶奶,我不敢回家,妈妈给我买的新裙子被我弄脏了!我不是故意的,刚才有一辆汽车路过水坑,溅了我一身泥点子。可是,我还是怕妈妈生气,所以就想晚一点儿回家,想想怎么跟妈妈解释。"

妈妈也为小米的性格感到焦虑,她总是不住地问自己:为什么别人家的孩子那么活泼可爱,小米却像个"小大人"似的成天思绪良多又爱抹眼泪?

实际上,小米之所以会有这样的性格和日常表现,与妈妈刘艺的教育有着莫大的关系,尤其是她习惯把自己所受的委屈归结到女儿身上。

七年前,刘艺刚刚晋升为部门主管,事业正处于上升期。不料,体检的时候,医生对她说:"恭喜,您已经怀孕两个月了,从今天起要格外注意保证营养,注意多卧床休息!我给你开点黄体酮,下周再来复查。"

刘艺一脸错愕地说:"可是,我现在并不想要孩子啊!可不可以先打掉,等以后我有了更好的条件再要孩子啊?"

医生则严肃地对她说:"年轻人,别拿自己身体不当回事啊!你的体质并不好,能够怀孕已经实属不易。这是你的第一胎,如果打掉,很容易形成流产体质,到时候你再后悔就算是神仙也无能为力了。所以,我建议你还是积极保胎,工作没了可以再找,生孩子的机会可是太难得了,千万不要错过啊。"

最终,刘艺还是选择了留下这个孩子,并且为了保胎选择了停薪留职。就这样,小米在妈妈忧心忡忡的情绪下来到了这个世界。

小米的呱呱坠地,也曾让初为人母的刘艺开心过、幸福过，但是没过多久，接二连三的生活烦恼，一下子冲淡了刘艺的幸福和喜悦。先是刘艺的公婆突然生病住院，照顾孩子的重担一下子落到刘艺一个人身上；不久，产假到期，公司一再催促，无奈之下她只能主动离职。

就这样，时间一晃过去了六年，刘艺一直在家做全职妈妈，全心全意照顾女儿和这个家。然而，刘艺满腹委屈，因为她并不想这样生活。每次在小区或者幼儿园，看到别的孩子都由老人带着玩耍，刘艺的内心就会涌出一丝抱怨：同样是生了孩子，别人家都有公婆帮衬，怎么只有自己这么辛苦地带娃？再看看曾经的同事，人家已经是经理级别，打扮时髦又高级，而自己却成了家庭主妇。要不是因为小米，自己也可以成为职场精英。每当看到小米同学的妈妈打扮时尚，妆容精致，刘艺就更加生气。她觉得自己和那些人相比，虽然年龄相当，但是自己就像是刚出土的"文物"。

于是，刘艺的这些情绪不是向老公发泄，就是向女儿小米发泄。尤其小米不听话，或者把家里的玩具弄得乱七八糟的时候，刘艺会一边收拾一边生气地说："我真是倒了八辈子霉了，你怎么就不懂事呢？要不是为了生你、养你，我至于活得这么委屈？我怎么会生出你这么一个女儿呢？你能不能快点长大懂事，让我少操一点儿心啊？"

有的时候，老公和刘艺吵架，刘艺也会当着小米的面，不住地发泄自己的委屈："你就知道冲我发火！我为了这个家，为了给你生个孩子，我失去了青春，失去了升职的机会，你还跟我吵架，还想离婚。我的青春，我的机遇，怎么算？都是没良心的东西，白眼儿狼。呜呜呜……"

每次听到这样的话，小米就一个人钻到阳台的角落里，用双手捂住耳朵。她不想听到爸爸妈妈说这样的话，更不想承认是自己毁了他们的一切，这种内疚让她害怕又难过。

虽然现在小米只有六岁，但是她比同龄的孩子多了几分负担与忧思，她每天活得战战兢兢，生怕自己稍不留意就惹怒妈妈，触发妈妈敏感的神经。殊不知，负疚的女儿已经把妈妈的情绪转化为内心的忧虑，对小米性格的养成和人生道路的选择都已经造成了负面影响。

人人都会有愧疚感，都会有遗憾，因为你不同的选择会得到不同的人生。每个孩子的性格和习惯，甚至成长轨迹都不一样，作为妈妈只需尽力，而无需十全十美。

因此，别让你的愧疚感延伸为孩子的负罪感。

7.4 有效区分本质,化解内疚

很多生完孩子之后的女人,无论是职场妈妈,还是全职妈妈,抑或是单亲妈妈,似乎一夜之间长大了,变成了"全能女超人"。她们满心满眼都是孩子,简直成了"孩奴"——下班后以最快的速度回家;平时的聚会能推则推,把全部时间留给孩子;是妈妈,也是爸爸,又是保姆,更是老师,全方位照顾、把控孩子的教育;偶尔出门独处一下,却满心牵挂、魂不守舍,内心充满了无尽的愧疚。

教育孩子最重要的不是陪伴孩子多长时间,妈妈没有必要因为自己上班,没办法陪伴孩子而内疚,也没有必要因为不能给孩子创造优越的物质生活而内疚,更不用因为自己是单亲妈妈而感到无力和愧疚,而是应该做一个看得开、懂得放手,甚至有点"自私"的妈妈。

> 梅子和芊芊是一对无话不谈,认识了十几年的闺蜜。周末,二人相约一起吃饭。一见面,梅子就冲过来抱住了芊芊:"天哪,亲爱的,我好想你啊。你这次也恢复得太快了吧,这身材完全没有走样。"
>
> 芊芊笑着说:"哪有很久不见,我坐月子的时候你不是也

来看过我啊，很久没和我一起吃饭倒是真的。"

二人拉着手一起进入饭店，找了个靠窗的位置坐了下来。梅子又说："你出来和我吃饭，不会是掐着点呢吧？我可还想和你多聊会儿，然后再一起看个电影、逛逛街呢，你可别扫兴。"

芊芊边笑边说："我是那么拿不起放不下的人吗？"

梅子瞥了一眼芊芊说："呦，这话说得，当时你生一胎的时候，可不是这样。那时候的你生完孩子就辞职了，为了喂奶，原本只吃素食的你，不停地喝各种肉汤、鱼汤，身材也渐渐开始走样。即使老大都半岁了，约你出门还简直难于上青天。好不容易出门了，你一会儿看看表，一会儿又往家里打电话询问一下孩子的情况，真是对孩子牵肠挂肚啊。吃一顿饭，你还挑三拣四，不能吃辣，不能吃快餐，说什么怕影响奶水，怕孩子吃奶会上火。现在怎么了，和以前刚当妈的时候判若两人啊？"

芊芊又"扑哧"笑了一声，说道："你别说，以前的我还真是像你说的，有了娃就失去了自我，不带娃就不知道该干什么。总觉得当妈了，一切应该以孩子为重，工作没了还可以找，但是孩子的成长只有一次，必须全部参与和记录。哪怕那时候公婆抢着要帮我带，我也是直接拒绝，总觉得别人带，我不放心，还觉得这么小的孩子不跟着妈妈，很可怜。现在想想，感觉自己好傻。"

梅子调侃道："呦呵，您这是当妈有了经验了，还是良心发现了，知道应该对自己好一点儿了啊？"

芊芊解释道："你这么说也对，带完老大我真的发现，自己越来越迷失自我了。我感觉不到自己的存在，越是这样我越焦虑，情绪越差，教育孩子的效果也差。老大三岁以后我就上班了，老大六岁的时候我怀了二胎，直到我生二宝的前一天都在认真工作。这不孩子两个月了，我明天就开始正式回公司上班了。我觉得陪伴孩子多长时间并不重要，重要的是质量。我不应该内疚，也不应该过度担心，也没必要因为觉得对不起孩子，而强迫自己放弃工作或者兴趣爱好，硬生生地挤出时间陪孩子、教育孩子。妈妈是孩子的榜样，做更好的自己，才是给孩子最好的教育示范。"

梅子开心地举起饮料说："来，庆祝我的'女王'回归，也祝贺你在育儿道路上又精进了一步！"

我觉得陪伴孩子多长时间并不重要，重要的是质量。我不应该内疚……

来，庆祝我的"女王"回归，也祝贺你在育儿道路上又精进了一步！

好妈妈没必要以牺牲自我为前提，好妈妈可以"自私一点儿"。轻度的内疚，可以提醒妈妈们要多陪陪孩子，这种陪伴不是给孩子做做饭，也不是教他怎么学习，可以是陪孩子玩一个游戏，也可以是给孩子讲一个睡前故事，或者和孩子一起唱一首歌、聊聊学校的趣闻。

病态的内疚会不自觉地将妈妈自身的失败和失落与孩子的成长挂钩。妈妈的视野里只有孩子，孩子的一举一动、一颦一笑都能引发妈妈的喜怒哀乐，而妈妈自身的情绪和潜质却被忽视。这在亲子关系中是很失败的，也是得不偿失的。

针对妈妈的"内疚"，可以尝试从以下三点进行改变。

1. 接纳自己，每个妈妈有权偶尔情绪失控。一两次对孩子发怒并非罪不可恕，发泄完怒气才有机会发现自己的错误并反省，才有机会避免更严重的事情发生，才能明白再次发生类似事情的时候该如何应对。

2. 给自己独处的时间。可以每天给自己一定的时间来阅读、追剧、健身；每周抽出一定的时间做自己喜欢的事情，如瑜伽、SPA、逛街购物，甚至睡个懒觉等；每年和老公或者闺蜜在不带娃的情况下来一次单独的旅行……当妈妈元气满满善待自己的时候，孩子也将学会如何平衡生活，如何释放情绪。

3. 拒绝包办，给孩子放权，做好"船长"，设置好底线。比如手机、电脑、电视等都不能一味地禁止，每天看半小时无伤大雅，孩子开心的同时，自己也有了一丝放松。妈妈只要在大方向上做好把控，就可以给孩子和自己一定的自由和权限。

总之，内疚式教育并不能为教育孩子带来福利，反之，过度内疚只会拖累自己和孩子。教育孩子和做好自己是相辅相成的，一个充满自信、独立勇敢、大方快乐的妈妈，才是孩子学习的榜样。

第八章

战胜恐惧：

让孩子获得前行的勇气和力量

8.1 "恐惧型妈妈"的三个特征

作为妈妈，你是否经常对孩子说出这样的话："太危险了，不可以这样做。"只要孩子不在你的视线范围内，你是否就会坐立不安；只要孩子做事情的方式与你想象的不一致，你是否就会忧心忡忡；无论身处何地，你是否总忍不住担心孩子？

实际上，女人成为妈妈之后很容易把全部精力放在孩子身上，总是担心陪伴孩子的时间少，总是担心给予孩子的关爱和关注不够，并产生恐惧情绪。

恐惧型妈妈的第一个特征：凡事总先想到不利的一面，总觉得孩子随时随地会受到伤害。比如季节变换，害怕孩子热或者害怕孩子冷；孩子哭闹，害怕孩子是生病难受所致；孩子学走路时，害怕孩子摔跤；孩子上幼儿园后，害怕孩子被欺负，害怕孩子吃不饱饭；孩子上小学后，害怕孩子学习跟不上，害怕孩子与同学处不好关系；孩子上大学后，害怕孩子不会照顾自己……如此看来，恐惧型妈妈总有操不完的心。

本质上来说，担心是妈妈出于对孩子的爱的一种表现，本无可厚非，但是如果妈妈过分担忧和恐惧，则证明妈妈本身缺乏安全感。

有些妈妈之所以会过度恐惧，往往是由于长时间失去了与社

会的交际,又没有地方倾诉和发泄心中的苦闷,导致身心疲惫。因此,她们渴望通过教育孩子,让孩子变得优秀,从而让周围的人意识到自己的价值。然而,妈妈的过度恐惧会影响孩子,最终导致孩子畏首畏尾,做事缺乏勇气。

恐惧型妈妈的第二个特征:视孩子为自己的全部,失去了自我。这样的妈妈往往会有这种心理,除了自己谁带孩子都不放心,孩子一旦离开自己的视线范围便坐立难安,孩子如果不在身边,不知道自己该干点什么。

孩子的出生给了妈妈前所未有的亲切感,她们觉得自己成了孩子的"天",暗暗决定要从这一刻开始尽自己最大的努力保护和爱护孩子。另外,一部分女性生完宝宝,没有人帮忙带孩子,被迫成为全职妈妈,失去了固定的收入来源,会产生焦虑的情绪。她们离开熟悉的工作岗位,每天面对处理不完的家庭琐事,时间越久,越容易感觉倦怠。身体的疲劳和精神上的焦虑堆积到一起,长时间无法舒郁，她们便把孩子视为精神寄托，视其为自己的全部，用尽全力去爱。

虽然爱本无错，但是过度的爱与爱护，对孩子来说是一种束缚，也是一种负担。妈妈这样长期过度给予孩子爱，会给孩子带来什么结果呢？妈妈过分关爱，势必会让孩子养成依赖的性格，缺乏决断力和独当一面的能力，甚至会影响其生活自理能力的发展，进而影响其日后的恋爱、结婚。

恐惧型妈妈的第三个特征：害怕听到别人指责自己或者孩子，会想方设法照顾和教育孩子，避免孩子受到伤害。恐惧型妈妈一般比较敏感，孩子生病、受挫、犯错时会表现得更加明显。然而，妈妈的这种表现，实际上是在告诉孩子：无论在哪里，在做什么，都有危险，你必须时刻保持小心谨慎。孩子也会日渐觉得，既然做什么都有危险，那么就什么也不做，老老实实听妈妈的话，让干什么就干什么。无疑，这会使孩子失去探索世界的好奇心，变得脆弱、胆小。

有些妈妈之所以表现得如此敏感，是因为她们经历过生活的洗礼和职场的压力后，深刻体会到不掌握一技之长，工作和生活将变得异常艰辛。她们觉得如果精心照料孩子，可能会避免孩子将来走自己的"老路"，于是她们对孩子的一举一动都密切关注。

"敏感"在一定程度上是"细心"的近义词，但是如果过度敏感，则会在教育孩子时陷入猜疑和缺乏耐心的陷阱。

爱不是绑架，更不是忧心忡忡的灰色的"爱"。既然为母则刚，那么何不尽自己所能，积极消化生活中的"苦"，学会改变自己，调整自己的心态和不良情绪，做一个强大的妈妈——一个无论在什么年龄、什么地方都可以乘风破浪、披荆斩棘的妈妈。

孩子畏首畏尾往往是妈妈恐惧情绪的映射

作为妈妈,尤其是初为人母的妈妈,往往在养育孩子的过程中出于爱的本能,会有更多的恐惧与担忧。这虽然是出于对养育孩子各种未知的担忧,是爱的表现,但是凡事过犹不及,妈妈过度的恐惧只会成为孩子胆小怕事的根源。

曾经有一位妈妈主动寻求育儿专家的帮助,原因是她觉得自己的孩子过于胆小,做任何事情都畏首畏尾。妈妈担心孩子长大后也会变得内向、胆小,因此感到无比恐惧和焦虑。

妈妈向育儿专家讲述了自己与孩子的生活场景。

> 这位妈妈有个名叫月月的孩子,她只要有空就会带孩子逛商场或者去淘气堡。但是,每次一离开家,月月的小手就会紧紧抓住她的手,松手的话月月就会觉得不安,到了人多的时候还必须让她抱着。到了晚上,月月更是无法自己入睡,尽管3岁的她早已断了母乳,但是睡觉时喂着妈妈的奶头才能安然入睡。家人和周围的人都说:"估计这孩子是缺乏安全感吧,所以胆子才这么小!"于是,妈妈辞职回家,开始全天陪伴照顾起了月月的起居生活。

月月刚入幼儿园的时候，妈妈对她千叮咛万嘱咐："你要多喝水，要不然会上火，容易感冒；你需要小便或者大便时及时告诉老师；中午要多吃饭，不可以挑食；午睡的时候要盖好被子，别着凉；在幼儿园有什么问题可以找老师帮忙；要勇敢一点，多交朋友，不要胆小、不敢说话。要是真遇到什么不开心的事情，回到家一定要告诉妈妈。"然而，这样的叮嘱却让月月更加害怕幼儿园，尤其害怕与妈妈分离。

尽管已经上了半年幼儿园，月月胆小的问题却一点儿也没有得到解决。早晨不仅故意赖着不起床，在去往幼儿园的路上更是不停地哭哭啼啼。到了幼儿园，月月便与妈妈展开了"生离死别"般的纠缠，妈妈看着月月哭闹不止，心疼得忍不住也跟着哭了起来。月月好不容易被老师抱进了教室，她却隔着幼儿园的大门使劲往月月的教室张望，竖起耳朵听月月是不是还在哭。

幼儿园老师也曾说："月月相比其他的孩子，可能更依赖妈妈，更胆小一些。她平时回答问题时也总是声音特别小，甚至有时候担心自己回答得不对，直接就低下头不敢出声。"

老师建议妈妈多带月月锻炼一下胆量。于是，妈妈只要有机会就让月月独自做一些事情。有一次，妈妈带月月在饭店吃完晚饭，给了月月一百元钱，让她到收银台付钱。

妈妈鼓励月月说："月月，你看收银台就在咱们饭桌的不远处，妈妈在这里看着你，你过去付款结账，好不好？"

月月使劲拉住妈妈的衣角不肯松手。妈妈再次尝试鼓励："月月，你现在长大了，可以帮妈妈做事情了是不是？你不用害怕，妈妈跟着你一起去，你来跟收款的阿姨说好不好？"月月使劲摇了摇头，用力地抱住妈妈的大腿不松开。

妈妈有些着急了，皱了皱眉头严肃地说："月月，你都已经上幼儿园了，做什么事情都应该勇敢一点，而不是什么都要妈妈陪着，都要妈妈帮你。你懂吗？妈妈也不可能陪你一辈子啊，妈妈也会变老，甚至有一天会离开你啊！你如果总是这么胆小，妈妈就不爱你了啊！快去！"

听完妈妈的话，月月更是"哇"地一声哭了起来："我不要妈妈离开，我要和妈妈在一起！我不要妈妈不喜欢我！"妈妈只能叹了一口气，抱着月月走到收银台付款后悻悻地走了。

听完妈妈的描述，育儿专家一针见血地指出："月月之所以这样胆小，很大程度上跟您有关系。首先，您回忆一下在日常生活中照顾孩子是否过于仔细？孩子一旦登高爬低，您是否及时出手阻止，担心她磕到碰到？孩子只要不在自己身边，您是否感到不安？其实，您这样的心理会让孩子产生依赖和被保护的意识。一旦养成这样的意识，孩子只要离开妈妈，就会失去安全感，变得胆小怕事，做事畏首畏尾。再者，您是否经常吓唬孩子，比如孩子晚上睡觉困难，您是否会讲恐怖故事？比如大灰狼来了，再不睡'魔鬼'就来了这样的话。这样做尽管会让孩子出于害怕而暂时按您的要求做事，但长此以往会让孩子对周围的事情都充满恐惧。或者，您为了防止孩子出现危险，是否经常说，不能玩火，容易烧伤；不要和陌生人说话，万一是坏人怎么办；不要玩水，万一掉进河里怎么办，淹死了怎么办？久而久之，孩子觉得做任何事情都有危险，什么都不敢做。另外，您平时全心全意照顾孩子，是否放弃了自我管理与社交？孩子的世界大部分时候被您占据，孩子的交往能力自然会变差。因此，月月上了幼儿园，也无法与同龄人和陌生人相处，不知道如何表达自己的想法,不知道如何寻求帮助。"

听完育儿专家的话,月月的妈妈陷入了沉思,恍然大悟地不断点头:"原来孩子之所以这么胆小,是我自己太过于恐惧,过于担忧,所以总是阻止、干预孩子,导致孩子离开我就会不安和不自信。"

实际上,在教育孩子的过程中,绝大多数妈妈都是恐惧型妈妈中的一员,因为对孩子的爱与保护是母性的一部分,是无法割舍的。但是爱不应该变成一种束缚,而应该成为一种鼓励。

孩子喜欢玩沙子、玩泥巴,就让他去玩,不要总把"你还小,你不行,你不要"这样的话挂在嘴边,可以换成鼓励性的语言"你可以的,加油"。妈妈可以在节假日多陪孩子到游乐场、公园、商场等人多的地方,尤其是孩子多的地方去玩,或者周末的时候

走亲访友，主动告诉孩子应该怎么表达和小朋友一起玩的想法。

即使孩子摔倒或者碰到了，妈妈也不要显露过分紧张和恐惧的神情，应该表现得镇定一点。即使孩子有些内向、胆小，也不要总是在外人面前强化"胆小"的概念，不要总是说"这孩子胆小"，而是应该注意细心观察，发现孩子身上的闪光点并及时鼓励。如果妈妈想要在公共场合锻炼孩子的胆量，也不可以操之过急，而是应该本着循序渐进的原则，并给孩子多示范几次，比如怎么付款、怎么寻求别人帮助、怎么问路等。

因此，请用心养育孩子，用爱和耐心帮孩子走出胆怯和恐惧，让孩子健康快乐地成长。

8.3 典型的恐惧后遗症:"我不行""我不敢""我不会"

在日常生活中,经常会出现两种行事风格的孩子:一种是做事充满自信,无论做什么,都善于表现自己,总是冲在最前面;另一种则有点自卑,总是对陌生的人、陌生的环境、不擅长的事情充满抵触情绪,行为上有些退缩,嘴里常说的话是"我不会""我不行""我不敢""我害怕"。

孩子之所以出现这两种截然不同的性格类型,与妈妈的情绪和行为有很大关系。当妈妈的恐惧情绪占了上风,给予孩子过多的保护和约束,孩子便会失去积极主动尝试的意识,久而久之便会丧失独立思考和生活自理能力。反之,如果妈妈能够充分做到"放手去爱",孩子便会更乐于思考,更愿意主动参与到各种社会活动中,适应能力也会更强。

> 橘子是一位资深的幼儿园老师,她有一个3岁的女儿叫甜甜。球球住在橘子家楼下,所以两个孩子既是邻居,也是一起上幼儿园的好朋友,周末的时候也经常一起出去玩。不同的是,两个孩子的性格有着天壤之别,甜甜出门在外像极

了一个勇敢的大姐姐，球球则总是用怯懦的小眼神注视着周围的一切。

一次，两个小朋友又在妈妈的带领下去了室内的游乐场。刚到游乐场门口，甜甜就像到了自己的"根据地"一般，快速地自己脱鞋，并从背包里拿出鞋套穿上，动作一气呵成，没有一丝犹豫。接着，甜甜刷了一下年卡后，就径直冲向了自己最爱的蹦蹦床，还招呼着球球："球球，你快点！这个可好玩了，你快点进来啊！"

反观球球，还在妈妈的帮助下脱鞋、穿鞋套。妈妈掏出年卡也刷了一下，还不住地叮嘱："小心点啊，别跑太快，小心磕着碰着！妈妈在那边坐着等你啊，你渴了就过来喝水，别跟不认识的人玩啊，也别抢玩具！"

球球小声地趴到妈妈耳边说："妈妈，你也进来陪我一起玩儿，好不好？"球球妈妈摇了摇头，指了指甜甜说："你看甜甜也在里面玩儿呢，还一直招呼你过去呢！妈妈不走远，就在这里一直看着你。球球乖，自己和小伙伴们去玩吧！"球球有些无助地走进了游乐场，一边往甜甜那边走，一边不断地回头看妈妈。两个孩子在里面玩，两个妈妈则在一旁聊起了带娃的日常。

"你看甜甜真活泼，而且胆子也大，出门在外敢说敢做，敢自己交朋友。我们球球总感觉胆子很小，什么都不敢自己干，我还真有点担心呢。他在幼儿园会不会被别的小朋友欺负啊？"球球的妈妈一边看着远处的球球，一边说着。

甜甜的妈妈正准备回答，突然球球被别的小朋友不小心碰了一下，摔倒了。球球的妈妈立刻站起身来，迅速地换好鞋套冲进了游乐场。她一把抱起球球，有些生气地向碰到球球的孩子说:"看见小弟弟小妹妹在这里玩儿,就不能小心一点儿吗?人都摔倒了,也不知道扶一下,这样多危险啊!"球球看见妈妈,更是委屈地哭了起来。

这时甜甜玩得出了很多汗,有些渴了,也飞快地跑向妈妈的位置,一个不小心就被散落在地上的泡沫大积木绊倒了。然而,橘子并没站起来,只是挥了挥手说:"没事的,快起来,过来喝点水!"甜甜很快就爬起来跑向妈妈的方向,然后拿起水杯咕咚咕咚地大口喝水。

好不容易安抚好了球球,但为了他的安全,妈妈只让他在积木区自己玩。

这时,球球的妈妈忍不住追问甜甜的妈妈:"刚才甜甜摔了那么大一个跟头,我看你居然一点儿也不担心,你就不怕小姑娘哪里摔破了啊?"

甜甜的妈妈笑着摆摆手说:"不不不,其实我还挺心疼的。但是如果每次孩子一摔倒,我们就第一个冲上去,孩子慢慢就会觉得只要自己遇到问题和困难,妈妈就一定会出手帮忙。这样,他们就不会自己动脑筋处理问题了,会变得过于依赖妈妈。"

球球的妈妈将信将疑地追问:"你的意思是说球球胆子小,主要是我对他的保护太多了?"

甜甜的妈妈并没有直接回答,而是解释道:"哪个妈妈不爱自己的孩子啊?保护孩子是我们的天性,但是很多时候我们的爱与保护容易泛滥。我们叮嘱孩子不可以和陌生人说话;在公园玩耍时,我们不允许孩子登高爬低,说这是不安全的;我们也不让孩子玩泥巴、玩沙子,说有细菌……我们甚至会用恐怖的语言恐吓孩子,比如'再这样做,妈妈就不

第八章 战胜恐惧：让孩子获得前行的勇气和力量

要你了'……我们对孩子的限制和保护越多，他们越会觉得只有待在妈妈身边才安全，越不敢自己去尝试。无法亲身实践就得不到生活的经验，就会更加不自信，所以孩子才会说'我不行''我不敢''我不会'。"

球球的妈妈点了点头："你这么说好像是这么回事。那你平时都是怎么教育甜甜的呢？"

甜甜的妈妈说："孩子玩的时候我就放手让她玩，不过多地限制。对于吃喝拉撒这些基本的生活需求，尽量少管，让她自己选择、自己体会、自己感受，她渴了就喝水，饿了就会多吃几碗饭，不需要我一直追问。需要注意的是，如果孩子真的是那种不善于表达的性格，也不要总是在外人面前一直强调这是个缺点，而是学会接纳孩子，多让孩子和同龄人在一起。孩子和我们在一起时间越久越依赖。其实，这是因为我们舍不得把手放开，而不是孩子舍不得离开我们，你说对不？"

球球的妈妈笑着说："是啊，我对球球真是捧在手里怕摔了，含在嘴里怕化了。现在听你这么一说，倒是害了孩子，真是后悔啊。我从今天起一定克制自己，向你学习！"

信息时代，很多父母并不缺少教育孩子的知识和理论，但缺少的是实践。给孩子最好的疼爱是手放开，别让自己的情绪影响孩子的一生。从这一刻开始，不妨做一个放手去爱的勇敢妈妈，还孩子一个独立面对风雨的机会。不要等孩子出现了问题再去改变，因为孩子的表现都是滞后的。

8.4 打败那个胆小的你，给孩子做一个勇敢的榜样

小的时候，大家一定都听过《小马过河》的故事。故事讲的是一只小马想要帮妈妈驮一袋麦子过河，但是又不敢迈出第一步。于是，妈妈让她去找周围的人先打听一下情况。小蚂蚁告诉小马说："这条河很危险哦，一不小心就会被河水冲走，我觉得你还是不要自己过河了。"小松鼠告诉小马说："这条河的河水很深，我的小伙伴前几天刚被淹死了。"而一旁的河马则不以为然地说："孩子，这条河才刚到我的小腿，很浅很安全，你可以蹚过去的。"小马不知如何是好，回到了妈妈身边。妈妈则鼓励小马说："你得自己试试才知道哦！"小马勇敢地迈出了第一步，结果发现河水既不像小松鼠说的那么深，也不像河马说的那么浅。

这则寓言故事不仅告诉小朋友们要敢于实践，也提醒妈妈要多给孩子一些机会，让孩子多多尝试，因为自己得来的经验才真实可信。妈妈敢于把手放开，不因内心的恐惧而过度爱护孩子，才能让孩子有机会成为更好的自己。

> 张朵和老公是一家自媒体公司的负责人，虽然两人平时工作很忙，但是在教育孩子上并没有含糊，而且张朵有着更

成熟的想法。张朵认为，想要给孩子优质的爱与保护，不是处处小心，凡事先替孩子着想，先给他做各种思想准备，而是学会放手，让孩子自己多动手，多动脑，多尝试。

而张朵的儿子苗苗，也确实成长得非常出色。苗苗从小在各方面就表现得很突出。在幼儿园的时候，无论是德智体美劳，还是平时穿衣、睡觉、吃饭，苗苗都表现得很独立。等到上了小学，苗苗不仅当了班长，还主动承担了办黑板报的工作。苗苗的学习成绩也一直保持在年级前三名的位置，还曾在一次数学竞赛中获得第一名。不仅如此，升入中学的苗苗在完成课业的同时，还在暑假的时候自己到市里的企业拉赞助，自己写稿创办刊物，成为学校第一个创办个人刊物的"风云人物"。

一时间，苗苗的成长教育也成为学校老师和家长们议论的焦点。于是，校长在礼堂为家长们专门组织了一场教育心得分享大会，主讲人就是苗苗的妈妈——张朵。

身着一袭黑色长裙，脚踩一双高跟鞋，张朵神采奕奕地走上了讲台，微笑着向大家打了声招呼："大家好，我叫张朵，也是大家眼中所谓的'神童'苗苗的妈妈。"台下立刻爆发出一阵热烈的掌声。

张朵继续说："我先不讲自己是怎么教育苗苗的，我先问大家一个问题：如果时光可以倒退，让你重回童年，你会更乐于接受下面哪一种妈妈的做法呢？第一种妈妈，小的时候，妈妈总是担心宝宝吃不饱、穿不暖，经常阻止他做很多事情。孩子稍微大一点儿，妈妈又担心他的社交能力、独立生活能力，于是故意创造环境让孩子锻炼，比如让孩子自己睡小屋，和爸爸妈妈分开睡。又或者，遇到宝宝生病的时候，妈妈一边喂孩子吃药一边吓唬孩子：'再这样不配合，只能到医院打针、动手术了啊!'上了小学,妈妈看到别的小朋友都报了各种学习班和兴趣班,于是为了不让孩子输在起跑线上,也把孩子的周末安排得满满当当。孩子好不容易到了高中,想要更多属于自己的空间,想要自己上下学,想要和朋友一起看看电影、逛逛街,结果妈妈却要跟着一起去。你们觉得这样的妈妈累不累?这些做法你们会乐于接受吗?"

台下有些家长摇了摇头,也有的家长陷入了沉思。

张朵接着说:"还有一种妈妈,只要在安全范围内,孩子玩什么都可以。孩子学走路时,摔跤是很正常的事情,妈妈没有过于紧张,反而让孩子快点爬起来。三岁之后,每天定好闹铃,孩子自己起床、穿衣、洗漱、吃饭。等孩子上了幼儿园和小学,妈妈最关心的也不是学习和作业,说的最多的是:'今天你过得快乐吗?''有没有什么高兴的事情可以和我分享?''遇到什么不开心的事情了吗?'至于补习班和兴趣班,妈妈会根据孩子的实际学习情况和他的意愿做出选择。这种妈妈的做法是不是更体贴,从心理上来说更乐于让人接受呢?"台下的很多家长都点了点头。

张朵笑着说:"这也是我最想给大家说的话,爱就是放手,爱就是从节制我们对孩子的爱护与帮助开始。我们变得胆大了,轻松了,孩子的成长环境就轻松了,心理也就轻松了。在平时的学习和生活中,我会让孩子做力所能及的事情,比如削铅笔、收拾书包、整理衣服、叠被子等。暑假的时候,我们还会为他报孩子们独自参加的夏令营。至于学习,我不会每天看着他写作业,也不会等他做好后帮他检查,这些他都需要自己完成。不过,他遇到不会的问题可以来问我,或者找老师请教。最后,我想说的是,作为妈妈,我能理解大家想把全部的爱给孩子的想法,也知道身为人母,会比爸爸更细心和敏感,会有更多的担忧。但是,优质的爱不等同于给孩子筑起铜墙铁壁,而是我们愿意放手,愿意给孩子成长的机会,让孩子学会自我领悟。"

张朵的话音刚落,台下便响起了热烈的掌声。

其实,没有教育不好的孩子,只有不懂得如何高质量教育孩子的妈妈。当妈妈打败了藏在内心深处的那个胆小的自己,为孩子树立一个勇敢的榜样,孩子又怎会成为怯懦的人?

妈妈们应该放弃大包大揽,在安全的范围内让孩子多动手、多动脑。刚开始这样做肯定会很难,但是妈妈们还是要努力掩藏自己的担心和紧张,给予孩子足够的信任,鼓励他们独立完成一些力所能及的事情。

希望每个妈妈都可以勇敢一点,放手去爱孩子,让孩子回归自己的轨道,让他们潇洒看世界、闯世界!

第九章

归还自由：
让孩子在爱的环境下正向探索

9.1 "掌控型妈妈"的三个特征

电视剧《小欢喜》中在妈妈面前乖巧可人,实则一心想要远离妈妈掌控的英子,给很多观众留下了深刻的印象,也引起了众多小孩子的共鸣。

英子成长在一个单亲家庭,学习和生活全部由妈妈宋倩一个人负责和照顾。妈妈最大的愿望就是把乔英子抚养长大,让她吃好喝好,还有就是让她多做试卷,将来在高考中突出重围,考上一所好大学。

在英子的眼中,妈妈的话神圣不可侵犯。妈妈希望英子把所有的精力都用在学习上,希望她可以排除一切杂念。于是,为了监督英子,妈妈把英子房间的门窗都换成了百叶窗。结果英子却在妈妈这种令人窒息的掌控中,越来越感觉到焦虑和煎熬,最终英子按照自己意愿报考了南大的天文系。但是英子又害怕妈妈阻拦,只能选择跳河,而且在跳河之前还向妈妈道歉:"对不起,妈妈,我没有变成你喜欢的样子。"

其实,现实生活中犹如宋倩一样的掌控型妈妈并不在少数。这样的妈妈习惯对孩子表达自以为是的爱和关心:"妈妈这样做都是为了你好!""妈妈这样做是因为爱你,你懂吗?"……

这样的妈妈喜欢从各个方面给予孩子百分百关注:孩子的洗

手方式不对要管，孩子上厕所次数太多了要管，孩子外出只要没回家就夺命连环 call，孩子有不同意见就"一哭二闹三上吊"……总之，她们认为孩子是自己的，就应该听自己的指挥。

总结起来，掌控型妈妈有这样三个典型的特征：第一，喜欢道德绑架；第二，希望孩子绝对服从，希望孩子完美无缺；第三，容易被自己的小情绪打败，产生焦虑。

掌控型妈妈之所以喜欢从道德上绑架和约束孩子，是出于母亲爱的本能，但是这种"妈妈是为你好"属于单方面的施压。这类妈妈觉得自己做什么都对，都是为了孩子更好的发展，可是忽略了孩子本身的想法和感受，是不能被孩子理解和接受的。也就是说，这类妈妈总是觉得孩子这样做会吃亏，会走弯路，对孩子不够信任，于是总是主导和干涉孩子的一切。而这种道德上的约束，对孩子来说，是一种精神枷锁，一旦达不到妈妈的希望和要求，孩子就会产生沉重的负罪感。尤其当孩子到了青春期，妈妈越喜欢越俎代庖，孩子就越没有信心做好自己的事情，越不敢自己做主，越缺乏独立精神，越是不自信。

掌控型妈妈一般在家庭中处于绝对"领导"地位，是整个家庭的核心，工作中可能也处于管理层，因此性格相对比较强势。这类妈妈觉得自己十月怀胎，生养孩子十分不易，孩子是自己身上掉下来的肉，相当于自己的附属品，理应按照自己希望的方式成长。还有的掌控型妈妈觉得自己为整个家庭付出了自己全部的爱和耐心，却没有换来应有的尊重。尤其是另一半对自己的关爱不够时，这种类型的妈妈就习惯于通过掌控孩子来平衡自己受伤的心。因此，掌控型妈妈往往会在无力改变现状的情况下，把自己全部的希望和爱寄托在孩子身上，希望孩子可以变得完美，希望孩子可以按照自己的希望和计划长大。

掌控型妈妈的焦虑和敏感更多的是源于对育儿的不自信。她们担心自己的决定被孩子拒绝，担心孩子不够爱自己，担心自己的安排没让孩子受益，反而让孩子走了弯路。因此，在孩子对自己的决定提出异议，或者在育儿路上遇到挫折时，掌控型妈妈的这种担心会表现得更加明显。

可以看出，在掌控型妈妈的心中，孩子就是自己生活的全部，控制孩子就是自己表达爱的方式。然而，爱不等同于控制，给予孩子适当的自由，才能真正有利于孩子的成长。

9.2 孩子没有安全感源于妈妈的"错"爱

孩子刚进入幼儿园的时候,很多妈妈都有一种"被迫分离"的感觉,而很多孩子也出现了各种缺乏安全感的表现:孩子每天早晨和妈妈一分开就痛哭流涕,孩子不愿意和其他小朋友一起玩耍,孩子一见到陌生人就会躲到妈妈身后,孩子上课时小动作特别多,孩子一遇到不顺心的事情就哭着找妈妈……

孩子之所以会缺乏安全感,除了刚上幼儿园对陌生的人和环境不适应之外,更主要的原因是妈妈的"错"爱所致。孩子缺乏安全感,主要是由于妈妈对孩子的绝对掌控,当孩子习惯了妈妈的指挥和控制,一旦离开妈妈就会觉得少了点什么,他们担心一旦自己不听妈妈的话,妈妈就会伤心,就会不爱自己。

伦敦大学学院的科学家也曾在《积极心理学期刊》中提到:"妈妈如果控制欲过强,会直接导致孩子的心理健康问题,同时也让孩子幸福感降低,不愿意与家人亲近,甚至总渴望摆脱与家人的联系!"

菲菲是家里的掌上明珠,她从小就乖巧懂事,学习成绩也一直名列前茅。

菲菲的妈妈小青上小学的时候,她的父母便离婚了。尽管父亲希望小青跟着自己生活，但是小青毅然决然地选择了母亲。小青感受了母亲养育自己的种种艰难，深切体会了单亲母亲养育孩子的种种不易，也深切感受了单亲家庭长大的孩子的辛酸。于是，自己成为母亲后，不希望自己的女儿有任何的不如意。因此，她把女儿菲菲视为自己的珍宝，尽心尽力地照顾。

菲菲也没有辜负妈妈的期待和爱，每次的考试成绩都是年级数一数二的。一转眼，菲菲就要高考了，考试前却主动给玲玲打来了这样的电话："玲玲阿姨，我知道你和我妈妈是最要好的朋友，你可以帮我劝劝妈妈吗？我高考不想报考本地的大学，我想到外面的世界看看，可是我妈怎么也不同意……"

菲菲话没说完就哭了起来，玲玲非常担心，索性到学校接菲菲出来。

"怎么了孩子，是不是和你妈妈最近闹别扭了？"玲玲主动问道。

菲菲哽咽着说："我知道妈妈对我好，也知道为了能让我安心学习，她什么都不让我干。但是我长大了，不是小孩子了，我不想被妈妈这样掌控一辈子。您知道吗，她担心我学习分心，把家里的墙都拆了，换成全透明玻璃，就为了随时查看我的学习状态。虽然我知道妈妈这样做是为了我好，但是我就是觉得心里很难受。我喜欢学外语，我的理想就是考到北京最好的外国语大学，我不想一辈子待在这个城市，一辈子被妈妈照顾，一辈子被妈妈支配和掌控。"

菲菲说完，躲在一旁的妈妈忍不住出来并激动地说："你说的话，妈妈都听到了。你可知道我就你这么一个宝贝女儿，离妈妈那么远,妈妈怎么照顾你啊?再说,你看看现在新闻上每天报道的犯罪事件有多少啊!你到了外地,人生地不熟,又没什么生活自理能力,你又容易相信别人,被骗了怎么办?你别想着考什么北京的大学了,太远了!你如果非要报考那么远的学校,妈妈就死在你面前!"

无奈之下,菲菲放弃了报考北京外国语大学的想法,最终以高出录取分数线100多分的成绩进了当地的一所师范学院。

很多妈妈打着"我这是为了你好"的旗号,恨不得24小时监督和控制孩子:"今天去哪里玩了啊?""跟谁一起去的啊?""吃饭花了多少钱啊?""公务员才是铁饭碗,私企都太不稳定。""别选择离家太远的学校或者工作。""别做什么兼职,遇到坏人怎么

办？"……妈妈事无巨细的照顾和控制，让很多孩子烦不胜烦，甚至感到窒息！

于是，妈妈越控制，孩子越没有安全感，越想逃离这种控制。其实，每位妈妈都应该懂得尊重孩子，懂得和孩子保持适当的距离。虽然孩子是自己身上掉下来的肉，但是从脱离母体的那一刻开始，孩子就是独立的个体了。妈妈不需要杞人忧天，也不需要担心自己会和孩子分离，因为孩子的血液里有你的传承，身体里有你的细胞和基因，这是一辈子都无法改变的事实。妈妈需要做得是给予孩子有节制的爱，教会孩子谋生的手段，让孩子按照自己的意愿去生活，去自由地感受和探索这个世界。

9.3 适当地给孩子自由，给孩子想要的那种自由

2019年的奥斯卡金像奖"最佳动画片奖"是石之予导演，皮克斯工作室制作完成的一部不到8分钟的动画短片《包宝宝》。

该片讲述了一位年迈的华裔妇女由于孩子们都长大成家，纷纷离开家独立生活，饱受空巢之苦的故事。一天，无聊的妈妈正在制作中国传统的肉包子，不承想包子竟然幻化成人形！于是，这位妈妈的精神又有了寄托，再次找到了当妈妈那份"责任感"。妈妈对包子很是疼爱，甚至有一种含在嘴里怕化了，捧在手心怕摔了的感觉，总担心包子饿了、冷了、热了、受伤了……

妈妈事无巨细地关心和呵护小包子，经常阻止它做一些自己看来危险的事情，而且在其他伙伴面前也不给包子留情面。这让包子非常不开心，它认为妈妈的爱是一种"包袱"，是一种"束缚"，因此它并不感激妈妈的这份情。

随着年龄的增长，小包子变得越来越独立，它不喜欢每天被妈妈"照顾"。包子甚至在妈妈不知情的情况下，结交了一位女朋友。妈妈再三规劝包子留下，包子却执意选择诗和远方。妈妈强硬地拽着包子不放，包子拼尽全力挣脱妈妈的手。最终，无法忍受包子要离开自己的妈妈，念叨着："既然我管不了你，我就把你吃掉,这样我就随时可以知道你在哪里了!"妈妈说完一口吞下了包子。然而,这一切只是妈妈的一场梦,梦醒后儿子也回来看望自己了,全家人其乐融融。

很多人看过这个故事都热泪盈眶。过度的爱与掌控,并不会拉进亲子关系,反而会让孩子感到窒息。孩子会一天天长大,早晚会离开父母独自生活,妈妈爱孩子就要教会孩子独立生活的技能,而不是限制孩子的成长和自由!

"喂,跟你咨询个事情。我女儿昨晚突然跟我说不想上幼儿园了,我应该怎么办?"桃子给自己的心理医师朋友小麦打电话咨询道。

小麦赶紧回应:"那你可得注意了!仔细观察一下孩子最近的举动有什么异常,再旁敲侧击地问下为什么不愿意去幼儿园。"

桃子回答说:"我观察了几天没有发现什么异常。我也问过原因,她只是说羡慕弟弟可以每天在家玩,她也要在家陪着弟弟玩。"

小麦笑着说:"那你就先同意孩子,她刚刚升入大班,可能和中班、小班的那种完全放松的感觉不太一样,说不定是人际交往或者学习压力所致。你给她一点儿自由,给予她支持,等她慢慢调整好了再说。"

于是,桃子采纳了小麦的建议,给女儿请了一周的假。一周的时间很快过去了,女儿每天带着弟弟在家疯狂地玩耍,家里的玩具被两个人丢得到处都是。然而,女儿始终没有说过一句想要上幼儿园的话。

桃子有些坐不住了,等孩子们熟睡后急忙打电话咨询小麦:"我这都给她请了一周的假了,昨天我还特意带她从幼儿园门口经过,提醒她看操场上的小朋友玩得多开心。可是,她居然跟我说'妈妈,我现在还不想去幼儿园,家里比幼儿园好玩多了!'如果时间久了,她得落下多少功课啊?我真是有点焦虑了!"

小麦安慰道:"淡定,淡定!那据你观察,女儿比以前快乐吗?"桃子想了想说:"确实比平时高兴一些,疯狂一些!"

小麦解释说:"不要说孩子,就连大人也很渴望不被约束的生活!你不要太过焦虑,热爱自由是天性使然。孩子现在有这样的意识,说明她的意识开始觉醒了,这是一件好事,这说明孩子在跟咱们斗争,不希望按照妈妈规划的人生道路走。我们适当给予孩子想要的自由,孩子会发觉自己与父母不是对抗的关系,也会积极调整自己的意识。你就把心放到肚子里,静观其变就好了!"

桃子听后说:"好,那我就再给她请一星期的假,再让她多玩几天!"

就这样,女儿在家玩了半月之后,主动找妈妈提出了上幼儿园的请求。桃子发现,女儿重返幼儿园后非常开心,不仅将她的好朋友介绍给自己,还在回家的路上一直分享在幼儿园发生的趣事,还说好朋友答应明天给她带一些好吃的零食。第三天放学回家后,女儿还主动读起了拼音,写起了生字。

写完作业,女儿看起了动画片,桃子要求女儿看完动画片看一会儿英文类节目,女儿也爽快地答应了,还带着弟弟一起读起了电视节目里的单词。当主持人唱起儿歌时,女儿更是开心地跟着伴舞,玩得不亦乐乎。

每个女人成为妈妈之后,似乎都多了一份责任感与掌控欲,总是对孩子的成长充满了担忧,总喜欢亲手参与和操办孩子的一切:喝什么奶粉、玩什么玩具、学什么早教、交什么朋友、穿什么衣服……生怕自己稍微疏忽一点儿就错过了孩子的成长,耽误了孩子的整个人生。然而,妈妈这种全方位掌控性质的爱,在孩子眼里却是一场"灾难"。妈妈管得越多,孩子觉得被束缚得越多;妈妈做得越多,孩子能发挥和成长的空间就越小。

爱孩子,就从尊重孩子,设身处地为孩子着想开始。给予孩子自由成长的空间,让他们按照自己的意愿生活,这才是给孩子最好的教育。

9.4 放下细节,相信孩子可以成为更好的自己

学校设置家长微信群,本意是为家长与老师搭建一个良性沟通的平台,但是很多家长经常在群里这样叮嘱老师:"老师,我家孩子有点咳嗽,下课让他多喝点水。""老师,今天有点冷,上体育课的话让孩子穿上外套。""老师,我们孩子不喜欢吃蔬菜,午餐的时候他要是没吃,您也别多问。"……更有甚者,当老师在群里发了孩子们的集体照,或者孩子们参加集体活动的视频后,有些妈妈们经常"鸡蛋里挑骨头":"哎呀,怎么我家孩子站得那么靠边啊!""哎哟,怎么照片上显得我们孩子脸这么大啊!""为什么别的孩子得了贴纸,我们孩子没得啊?"……

看到这样的情景,不禁让人感叹——妈妈们敏锐的洞察力简直堪比"刑警"。女性相对于男性来说,本就多了几分细致,成为妈妈之后,对孩子的成长和教育更是十分讲究细节。但是,太过注意细节,对孩子的成长来说并不一定是好事。

妈妈们过分注意细节,就意味着会对孩子的每一个动作、每一句话、每个表情、每时每刻的想法都处于高度关注的状态。她们时刻紧盯着孩子的一举一动,孩子的举止稍有不慎,便会遭到她们的批评。

晚晚的妈妈是建筑系毕业的研究生，但是为了更好地照顾孩子和家庭，放弃了自己的本职工作，做起了全职太太。在晚晚的印象中，妈妈是一个"女超人"，似乎有着"千里眼、顺风耳"，无论自己在做什么，妈妈总能指出错误，并给予指导意见。

"哎呀，宝贝！这个玩具是锻炼你认识图形和颜色的能力，你需要对照这个板子，找到一样颜色和图形的小木块，然后把它们逐一放进去，而不是像你这样把所有小木块都堆到一起！你堆那么高，没有任何意义。"

年幼的晚晚只好听从妈妈的意见，按照图形和颜色重新玩起了玩具。

有一次，全家人到山里游玩，爸爸带着晚晚来到一条小河旁，用渔网给她捞了几条小鱼和螃蟹。晚晚高兴得手舞足蹈，直接伸手去抓螃蟹，妈妈立刻呵斥道："别动，螃蟹有锋

利的钳子，万一夹伤了你的手怎么办？而且野外有很多细菌，万一感染细菌怎么办？让妈妈来吧！"晚晚只好让妈妈帮自己把小鱼和螃蟹扔到水桶里，但是脸上难掩失落。

晚晚上了小学，妈妈的注意力集中在了她的学习上。只要晚晚在家，妈妈就会守着她复习、预习、检查作业。

"你这个拼音又写错了，b和d怎么总是分不清楚，赶紧改了。""12-4=16？你把减号看成加号了吧！能不能集中一点儿注意力啊，别这么粗心，没有妈妈帮你时刻盯着，你可怎么办？"就这样，妈妈时刻辅导、纠错，晚晚不停地被批评、被指责。

晚晚上了初中，到了青春期，开始想要自己的空间，她把自己的烦恼和快乐都写进了日记本里。然而，晚自习放学后，晚晚推开自己房门的一刻惊呆了——妈妈竟然在偷看自己的日记！晚晚用力地把妈妈推出了房间，用力关上了房门，生气地说："妈妈，我讨厌你！你太不尊重我的个人隐私了！"

妈妈也生气地边骂边说："什么，我难道错了吗？你从小到大都是妈妈一手带大的，你有什么心事难道不应该告诉妈妈吗？我这不也是为你好，怕你遇到什么不好的事，不敢告诉我，这才偷偷翻看了你的日记。"

晚晚用力地捂住自己的耳朵，并不想听妈妈的解释。

从晚晚的故事中不难发现，晚晚并不是不爱妈妈，或者不尊重妈妈；妈妈也并不是不爱孩子，而是太爱孩子，并对孩子投入了太多关注。结果，妈妈觉得自己对孩子付出了那么多的爱，却换不来女儿的感激和理解；而女儿觉得自己时刻处于妈妈的掌控之中，这种浓重的爱让自己感到窒息。

由此可见，妈妈过多地关注孩子成长的细节，只会给孩子和家庭带来伤害。比如，妈妈过多地注意细节，就势必会时刻关注孩子的安全问题，也会出于保护的目的阻止孩子进行各种尝试。但是，对于孩子来说，尝试不是冒险，而是获取新知识、获得快乐的源泉。成长需要试错，过多地保护，只会让孩子失去试错的机会，变成永远处于妈妈羽翼保护下的"雏鹰"。那么，如何给予孩子正常地关注呢？

妈妈可以根据孩子成长的年龄段给予适当地关注。比如孩子3岁之前，是跟家人之间建立亲密感和安全感的关键期，妈妈可以多给予孩子一些关心和关注。孩子说话的时候，父母要认真倾听，并予以积极回应，否则会打消孩子主动倾诉的积极性。

孩子一天天长大，妈妈就应该试着慢慢放手，为孩子创造独立自主的机会和条件。当孩子有能力并想要主动尝试独自面对困难和新事物的时候，妈妈们就要试着相信孩子，给孩子机会。当孩子失败了，妈妈再给予帮助和指导也为时不晚。因此，只有妈妈们及时从过度关注中抽离，才是对孩子最有利的爱，才能让孩子拥有更多的幸福！

第十章

适度打击：

让孩子精神世界富足

10.1 "否定型妈妈"的三个特征

《妈妈不知道我的名字》是美国著名作家苏珊·威廉斯的第一本著作,故事的主人公是一个叫汉娜的小女孩和她的妈妈。汉娜一直有一个疑问——为什么妈妈总喜欢给自己起各种负面的外号,却从不叫自己的名字。早晨醒来的时候,妈妈总是这样叫汉娜起床:"一起床就叽叽喳喳说个不停的小麻雀该起床了!太阳公公都晒屁股了!"汉娜则嘟起小嘴说:"我不是麻雀,我叫汉娜。"

吃早饭的时候,汉娜没有拿好杯中的牛奶,刚喝了一口就洒了一桌子。妈妈笑着说:"没关系,贪玩的小南瓜!我来收拾好了,每个人都有不小心弄洒的时候,你也不例外。"汉娜撇了撇嘴说:"我才不是什么南瓜,南瓜又不会难过,南瓜又不会不小心,我的名字叫汉娜。"

妈妈打算出门采购,于是把汉娜暂时送到了邻居家里,临走时妈妈摸了摸汉娜的小脸说:"亲爱的小怪兽,等妈妈回来接你,最好乖一点儿!"汉娜不满地说:"妈妈,我不是什么怪兽,我是汉娜。"

晚上妈妈接汉娜回家,看着满满一桌子的美食,汉娜馋得直流口水,伸手就打算先品尝一下。妈妈急忙拦住了汉娜说:"你真是个小魔头,还没有洗干净你的小脏手哦!这样很容易把细菌吃到肚子里哦!"汉娜生气地说:"妈妈,我不是小魔头,我是汉娜。"

故事中的情景是不是似曾相识?妈妈们似乎都喜欢给孩子们起外号,打趣一下孩子,表示和孩子的关系亲密无间,但这只是妈妈的想法。在孩子们看来,这些外号就是对自己行为的否定和不认可。

其实,妈妈们对孩子们的否定不仅仅在于爱给孩子起外号,有时候还喜欢打击孩子,并美其名曰:谦虚使人进步,骄傲使人落后。哪怕孩子考试考了95分,妈妈们还是会淡定地说:"这有什么值得庆祝的,又不是考了100分,这么简单的题应该得满分才对,下次要注意,细心一点!"

总结起来,否定型妈妈具备以下主要特征:否定型妈妈喜欢使用语言暴力,无时无刻不在碎碎念。否定型妈妈认为自己和孩子的关系是足够亲密的,因此习惯用所谓的玩笑话来嘲讽或者打压孩子,比如"我怎么生了你这么个笨蛋""你这蠢样子,长大了,谁娶了你谁倒霉""你别自以为是了,才取得这么点成就就沾沾自喜了?真是自以为是"……

尽管否定型妈妈的出发点是基于否定式教育,给孩子泼点冷水,让孩子避免自我满足,从而激励孩子继续努力,但往往会适得其反。孩子在妈妈的否定中成长,会变得自卑、自闭,甚至极度缺乏安全感,还会越来越害怕批评和失败,甚至失去挑战新事物的勇气。

否定型妈妈喜欢使用否定性的评价,总觉得孩子做得不够好,总是羡慕别人家的孩子。否定型妈妈总喜欢这样说:"你看看别人家孩子,人家多乖巧,会帮妈妈做很多家务。你看看你这么大了,连袜子都不会洗""你看看你同桌,学习多认真,每次都是一百分。你再看看你自己，每次不是丢题落题就是粗心""你看看同样在一起学习古筝，人家也是第一次考级，怎么就通过了？你怎么这么笨，每天也花时间练习了，该上的课也都上了，你就不能争点气"……

妈妈越来越习惯于将别人的孩子和自己的孩子进行对比，而且习惯于让自己的孩子向别人家的孩子学习，还美其名曰"我这样做，还不是为了激励你"。然而，孩子感受到的不是爱，而是否定，终有一日孩子会这样对妈妈说："在你眼里我既然什么都不好，我做什么都不能让你满意，那你就不要认我这个没用的孩子了。你爱当谁的妈就当谁的妈，以后再也不要管我了！"

否定型妈妈喜欢给予孩子过多的保护，经常对孩子说"不可以这样，不可以那样"，拒绝让孩子进行尝试。否定型妈妈有一颗脆弱和焦虑的心，总会对孩子所处的环境充满戒备，生怕孩子受罪或者遭遇挫折，经常会这样说："别登高爬低的，多危险啊，赶紧下来（殊不知，登高爬低正是锻炼孩子运动能力和培养孩子自信的主要方式）""赶紧走，自己洗衣服干吗啊，你又洗不干净，有这时间做张卷子多好啊（殊不知，让孩子做一些力所能及的事情，可以锻炼孩子的独立能力）""你能不能不要胡乱实验了，弄得桌子上这么乱（殊不知，孩子们反复尝试和胡乱实验，正是探索、发现、学习新知识的方式，好奇心是一个人最宝贵的学习动力）"……

不难发现，否定型妈妈正在通过自己的否定一步步把孩子变成自己最不喜欢的样子。习惯了被妈妈否定的孩子，思维也会习惯性地认为自己"不够聪明""不够优秀""不够漂亮"，会习惯于把问题和错误归因于自己，会把自己当成妈妈的累赘和负担，甚至觉得自己的存在是多余的，这会使得孩子不愿意努力，遇到困难就轻言放弃。

相信每一个妈妈都爱自己的孩子。如果你真心为孩子着想，那么请收起这些否定性语言，不要吝惜自己的赞美，与孩子一起成长吧！

习惯性否定，造就孩子自卑性格

英国作家安娜·肯普写过一则名为《小狗哪会跳芭蕾》的故事。故事讲述的是一只有梦想的狗——比夫。比夫和其他的宠物狗不同，它不喜欢捡小主人扔的树枝，也不喜欢对着路灯小便，更不喜欢喝马桶里的水。比夫喜欢听着古典音乐在皎洁的月光下翩翩起舞，尤其喜欢踮起脚尖走路。比夫的梦想是有朝一日能够走到聚光灯下，伴随着音乐在众人面前踮起脚尖跳芭蕾！

小主人发现比夫每次看到自己的芭蕾舞鞋和舞蹈服眼睛里都闪着光，于是决定帮比夫申请学习芭蕾舞的机会。可是无论父母，还是芭蕾舞老师都只是鄙夷地说："它只是一只狗而已，小狗是不可能学会芭蕾舞的！"

比夫听到大家都这么说，心里难过极了，眼看着自己的梦想就要破灭，即便最爱的甜甜圈也突然没了滋味，只好独自垂头丧气地趴在窝里。一连好多天过去了，比夫都只是借着月光不停地哀嚎。

小主人的生日到了，得到的礼物是皇家芭蕾舞团的演出票。尽管父母再三告诉小主人："它只是一只狗，是不可能成为芭蕾舞演员的！"但是小主人还是偷偷地带着比夫上了公交车，进了演出大厅。

不幸的是，随着音乐翩翩起舞的女主角突然在旋转跳跃时扭伤了脚。正当所有人以为演出就这样结束时，一个熟悉的身影出现了——它长着尖尖的耳朵，穿着小主人红色的舞蹈服，踮起脚尖、屈膝、小跳、旋转，一气呵成，像仙女下凡一样美丽动人！

演出结束，比夫行了屈膝礼，这时前排的观众惊呼道："这居然是一只狗，一只会跳芭蕾舞的狗！"所有的观众起立，大厅响起了雷鸣般的掌声。连爸爸都惊呼："比夫成为芭蕾演员了！"小主人也骄傲地抚摸着比夫的脸说："我就知道你很棒！"

故事中的小狗比夫像极了生活中妈妈口中那个一直被否定的孩子。否定型妈妈似乎总能找到各种理由、穷尽各种语言来打压孩子的信心和积极性，而且美其名曰"防止孩子过度骄傲"！然而，从小在妈妈否定中长大的孩子，终身都会活在自卑的阴影之下，总希望得到别人的认可和称赞，因此要么养成讨好型人格，要么养成自负、暴躁型人格，要么变得不自信、沉默寡言，难以与人相处。

小萍的女儿把邻居家孩子丢在健身器材处的玩具送了回去，小萍不禁称赞女儿善良、乐于助人。这时小萍的妈妈却说："你总是这样称赞孩子，她会骄傲的，你小时候我可不是这样养育你的。"

小萍听到妈妈的话，不禁陷入了回忆。"孩子不能表扬，需要批评打压，才能成长！"这就是小萍妈妈的教育理念。

"妈妈，这次我考试考了第五名！"小萍兴冲冲地冲进门，开心地对妈妈说。

"小孩子不就是应该努力学习吗？第五名有什么了不起

的，有本事你考个第一名给妈妈看看！"妈妈头都没抬一下冷冷地说。

小萍用手使劲拽了拽衣角，不服气地说："好，我就考个第一名给你看看。"

结果，小萍在期末考试中果真得了第一名，可是妈妈却说："考第一名也要多看看自己哪里有问题，我发现你这次数学考试有几道题是会做的，为什么还错了？"

小萍哭着低下头："妈妈，是不是我怎么做你都不满意？"

小萍想像其他小朋友那样学骑自行车，可是妈妈总在一旁阻拦："哎呀，你是个女孩，还小呢，学什么自行车？男孩不怕摔不怕疼的，咱们大一些再学啊，听话！"后来，小萍学骑自行车的时候，妈妈扶着自行车不断地催促她："你学骑车，把我累个半死！你就不能争点气，赶紧学会吗？"小萍哭着说："我不学了！"

妈妈更加生气了，拽着小萍扶着她上车，强迫她学："不行,你今天必须学会!"结果,只要妈妈一松手,小萍就连人带车摔倒了。几次之后,小萍彻底失去了自信,她坐在地上哭了起来,怎么也不肯继续学骑自行车了。

后来,小萍上了大学,变得更加自卑了。宿舍的同学都在忙着参加各种社团,有人招呼她:"小萍,你也来看看。咱们学校有很多社团,你看看有你喜欢、擅长的吗?"

小萍却怯怯地说:"我不行,我好像干什么都不太行,什么都做不好,还是你们看吧,我去图书馆了。"

小萍的闺蜜也打电话问她,要不要一起兼职做辅导老师。小萍回复说:"我得问问我妈同不同意。"妈妈给小萍的回复是:"女孩子出门在外最重要的是保护好自己,到别人家辅导功课多危险啊!咱家又不缺这点儿钱,不许去啊!"

……

从心理学的角度来说,父母对孩子有一种被称为"权威期待"的现象。如果父母对孩子的期待是积极的、正向的,那么孩子就会顺着你期待的方向发展;反之亦然。也就是说,孩子的自卑感主要是妈妈不断的否定导致的。

每一个孩子都渴望得到妈妈的认可和称赞,因为这样会让孩子感觉自己有存在感。被妈妈适当地关爱和重视,孩子才更有信心和动力。

自信能帮助孩子成为人群中最闪亮的那颗星,而妈妈作为孩子最亲近的人,应该不吝赞美,帮助孩子树立自信,让孩子成为那颗最闪亮的星。

10.3 分清时机和场合，呵护孩子的自尊

明代著名学者吕坤在《呻吟语》中提出了"七不责"："对众不责，愧悔不责，暮夜不责，正饮食不责，正欢庆不责，正悲忧不责，疾病不责。"这句话翻译成现代汉语的意思是："不能当众斥责孩子，孩子知道错之后不要再继续责备，晚上睡觉前不要责备孩子，吃饭的时候不要责备孩子，所有人都正在高兴的时候不要责备孩子，当孩子正在生病的时候不要责备孩子，当孩子正难过的时候不要过分责备孩子。"如今来看这个"七不责"的育儿理念，对孩子的教育来说仍然非常有价值。

很多妈妈在育儿过程中略显急躁，总是不分青红皂白、不分场合地训斥孩子，导致孩子心理受到创伤，甚至变得越来越叛逆。尤其是父母不分场合地训斥孩子时，孩子的心里想的很可能是"我现在好没面子啊"，而不是在思考自己做错了什么，应该怎么改正。也就是说，作为孩子教育的直接责任人，妈妈不分场合当众批评孩子是起不到教育效果的，反而会让孩子更加逆反。

孩子有错，妈妈应该及时指出，但应该选在僻静的地方，让孩子感受到自己的尊严是被妈妈保护和重视的。

佳颖带着5岁的儿子小强给80岁的奶奶祝寿，中午的时候全家十几口人一起到饭店庆祝。席间儿子和大他两岁的表哥玩得不亦乐乎，自从进了包间就一刻也没有停歇，不停地追逐打闹。

佳颖悄悄把小强拽到身边，凑到耳边轻声说："宝贝，包间里地方小，桌椅之间距离又比较近，一会儿开始上菜的话，你不可以再这样跑来跑去了哦，一来容易磕着碰着，二来容易撞翻菜品。"

小强只是敷衍地点了点头，佳颖只好哄着孩子先吃一些饭菜再说。

表哥吃得比较快，吃饱之后就又开始来回奔跑。小强见状也开始不安分起来，一直冲佳颖嚷嚷："妈妈，我吃饱了，我要跟表哥一起玩。"

佳颖说："那你先答应妈妈一件事，跟表哥玩的时候不可以大喊大叫，也不要在桌子底下钻来钻去！你能做到吗？"

小强为了让妈妈同意自己去玩，自然频频点头答应。可是还没五分钟，小强就开始疯狂地追赶表哥，一边挥舞着手臂一边高声呼喊，完全盖过了大人们的聊天声。

佳颖赶紧抱住小强，说："走，陪妈妈上个厕所！"说罢，佳颖抱着小强走出了包间，看着隔壁包间没人，便把小强带了进去："现在这里没人，只有你和妈妈两个人，能不来回瞎跑了吗？"小强认真地看着妈妈说："能！"

佳颖又说："好，妈妈再相信你一次。等会儿上完厕所，要是回去之后你还是乱跑乱喊的话，妈妈可就不会顾及你的自尊了哦，到时候就真的会揍你，记住了吗？"

于是，佳颖带着小强回到了包间，小强果真没有再来回跑，而是拿着妈妈的手机跟表哥一起看起了动画片。尽管表

第十章　适度打击：让孩子精神世界富足

> 哥后来又开始来回奔跑，但是小强克制住了自己躁动的心，没有继续跟着表哥乱跑。
>
> 佳颖悄悄地向小强竖起了大拇指，小强冲妈妈开心地笑了。

试想一下，如果佳颖当时没有找安静的地方指出小强的问题，而是当着所有亲朋好友的面训斥孩子，会是怎样一个局面呢？孩子估计很难服气，周围的亲朋也会纷纷规劝佳颖："算了吧，都还是孩子呢，调皮一点儿没事的。"

不当着众人的面批评指责孩子，不仅仅是对孩子自尊心的保护，更是为了防止自己的教育方式因为别人的参与受到干扰，让孩子觉得有所依仗而变得更加肆无忌惮。

当孩子出现问题或者犯错的时候，妈妈一定要控制好自己的情绪。孩子的错误不是那么过分的时候，可以先把孩子叫到身边提醒一下；如果孩子没有任何改变，再把孩子单独叫出去沟通教育。

无论是孩子还是大人都有自尊心，虽然孩子做错事应该受到批评，但是妈妈教育孩子的时候也要注意场合和说话的方式。只有带着智慧教育孩子，才能让孩子成为更好的自己。

第十章 适度打击:让孩子精神世界富足

10.4 适度批评，让孩子经历风雨后遇见彩虹

当孩子犯错的时候，妈妈应该适当予以批评，目的是让孩子及时意识到自己的错误，产生悔恨、内疚的心理，从而发愤图强。批评也要讲求策略，即给予孩子适度批评，让孩子平静地接受批评，从而有益于孩子成长。

王女士所在的贸易公司有一位女老板，尽管这位女老板在工作上雷厉风行，但是一遇到育儿的问题也是一脑门子官司。

有一次，老板和王女士一起吃午饭时，叹着气说道："生意上的事情我从来就没这么犯愁过，一路走来也比较顺利，可是一看到我的女儿我就发愁！"

王女士赶紧安慰道："孩子现在都有自己的想法了，何况您的女儿也上初中了吧，青春期的孩子比较逆反，这很正常的！"

老板哽咽着说："你也知道我这个人比较强势，我对女儿的要求也比较严格。她一点儿也禁不起批评，我稍微说她几句就开始抹眼泪，而且一哭就停不下来。这不上周批评她作业写得不认真，自从骂过之后，已经好几天没和我说话了，我回到家都不理我，哎！"

王女士安慰道："女孩子嘛，脸皮薄，老是被批评肯定面子上挂不住。我家孩子是个男孩，也特别调皮，但是我很少严厉地批评他也很少揍他。有一次，我给他买的新衣服，才穿了一天，回家的时候就带着满身的泥点子。说实话，我当时感觉脑袋'嗡'的一下。但是发火之前，我还是提醒自己冷静一下，先问清楚怎么回事。儿子告诉我，周末学校要进行足球比赛，刚下过雨的操场有些湿滑，但是参加训练的同学都很认真，哪怕像他这样弄得浑身脏兮兮的，也没有一个人退缩。然后，儿子还担心我会劈头盖脸地骂他一顿，结果我对他竖起了大拇指，他反倒有些不好意思了。女人很多时候

第十章　适度打击：让孩子精神世界富足

一遇到跟孩子有关的事情，出于母爱的本能就会比较敏感、紧张和着急，这个时候咱们最需要的就是静下心来，不带着情绪，不带着质问的语气，不带着咱们的主观判断，不给孩子贴任何标签地去沟通，站在孩子的角度想问题分析问题。我们好好和孩子沟通，试着理解孩子，就能找到问题的解决方法并真正帮到孩子。这是我的一点想法。您别介意，没有任何褒贬的意思在里面哦。"

老板点点头说："嗯，我懂，我回去也要好好跟女儿沟通沟通。"

什么是孩子易于接受的适度的批评方式呢？

就事论事，不翻旧账的批评方式。孩子犯了错，妈妈应该就这次错误进行批评，不要把孩子之前的所有错误都拿出来，否则不仅伤害孩子的自尊心，也会让孩子觉得妈妈不够爱自己，不愿意接受不完美的自己。

每个孩子身上都有优点和不足，家长在指出孩子问题的同时，也要表扬孩子的闪光点。妈妈如果忽略孩子的优点，只批评孩子的缺点，孩子会想当然地认为妈妈只能看到自己的不足，从没有发现自己优秀的一面，这很容易导致孩子自暴自弃。另外，讲道理的时候，要注意看着孩子的眼睛，尽量多一些肢体接触，比如搂着孩子的肩膀，拉着孩子的手，让孩子感受到爱的同时也能感受到妈妈的威严。

妈妈教育孩子的时候，一定要先了解清楚事情的来龙去脉，不要进行主观判断。这对于孩子来说非常重要，因为这相当于告诉孩子，妈妈和孩子之间是平等的关系，妈妈非常尊重自己。

晓琳的父母都是工薪阶层。晓琳今年16岁了，她不仅成绩优异，而且十分懂事。眼看着要升入高中了，晓琳想利用暑假的机会做兼职，减轻爸爸妈妈的生活负担。

晓琳在网站上搜索到一个招聘兼职的公司，但是想要查看更多适合自己的岗位，就必须先注册成为会员，而会员费居然高达888元。虽然有些昂贵，但是看到成为会员后有诸多的福利，而且找到工作后还可以返利，不超过三天就可以把会员费赚回来，晓琳心动了。

于是，晓琳把年初亲人给的压岁钱拿出来交了所谓的"会员费"。不料，付完款后网页却怎么也打不开了，搜索网站竟然也搜不到。晓琳这才意识到自己被骗了！晓琳非常气愤，也非常害怕，她不敢让父母知道这件事，害怕父母会责怪自己。于是，她郁郁寡欢，不敢跟妈妈说话，就连回答妈妈的问话也总是躲躲闪闪的。

一天，妈妈让晓琳帮自己一起做家务，边擦桌子边问："你这丫头怎么了？马上升高中了，是不是有什么压力啊？妈妈发现你这几天不太对劲啊，怎么总是一副心不在焉的样子？"

晓琳鼻头一酸，哭着说："妈妈，对不起，我本来想趁着暑假打工挣点钱的，结果遇到了黑心网站，我用自己的压岁钱交了888元会员费之后，网站就怎么也打不开了！我不知道怎么告诉您这些，所以这几天一直很纠结。"

妈妈一把搂住女儿的肩膀说："傻孩子，妈妈怎么会怪你呢，你也是一片孝心。妈妈感到很欣慰，但是以后你做重大决定之前可不可以先告诉妈妈一下啊？网络上有很多陷阱和骗局,爸爸妈妈比你见识得多一些。这次就当花钱买教训了,咱们也算给自己上了一课!好了,别难过了,咱们报警吧!虽然钱不见得能回来,但也能给警察提供一些线索,不能让坏人逍遥法外。你今天好好帮妈妈干活抵债!"

母女俩"扑哧"一下,都笑出了声。

每个孩子都是一粒种子,在阳光的照耀下破土而出,茁壮成长。当然,偶尔也会长出一些"坏枝"。遇到这样的情况,妈妈们作为园丁,应该及时出手适当修剪,从而保证小树苗健康成长。